Willibald Girkinger/Wolfgang Heitzmann – DIE STEYR

Willibald Girkinger / Wolfgang Heitzmann
(Herausgeber)

DIE STEYR

Landschaft und Menschen am Fluß

Mit integriertem Begleitheft
als Wander-, Kunst- und Kulturführer

Unter Mitarbeit von

Franz Maier
Hans Stögmüller
Ing. Hubert Braunreiter
Bernd Ehry
Heinrich Kieweg
Dr. med. Heinz Kieweg
OStR. Rudolf Stanzel
Dipl.-Ing. Adolf Staufer
Franz Limberger
Mag. Erwin Einzinger

LANDESVERLAG

CIP-Titelaufnahme der Deutschen Bibliothek

Die Steyr: Landschaft und Menschen am Fluß/Willibald Girkinger; Wolfgang Heitzmann. – 1. Aufl. – Linz: Landesverl., 1990
ISBN 3-85214-527-9
NE: Girkinger, Willibald (Hrsg.)

Gedruckt in Österreich; 1. Auflage/1990
Gesamtherstellung: LANDESVERLAG Druck Linz
Reproduktion: Repro Ludwig, Zell a. See

ISBN 3-85214-527-9

Inhalt

Steyr (Hans Ebmer) 7

Steyr-Wasser: Ein kost-bares Element 11
Einleitende Gedanken

Im Fluß (Franz Maier) 19

Als im Steyrtal noch Wein gebaut wurde 68

Bedrohte Wunderwelt – Die Moore im Flußgebiet der Steyr 68

Geschützte Natur 69

Düstere Vergangenheitszeugen oder eisige Abenteuer – Höhlen im Einzugsgebiet der Steyr 70

Die wichtigsten Teiche, Weiher und Seen 72

Mühselige „Schatzsuche" – alte Bergbaue rund ums Steyrtal 73

Alles im Fluß (Erwin Einzinger) 76

Zwischen Zeiten (Hans Stögmüller) 84
Kultur und Kunst am Weg

Das „eiserne" Steyrtal 139

Energie aus der Steyr 140

Die Trift auf der Steyr 141

Ortsnamen im Steyrtal 143

Die regionale Sprache 143

Almwirtschaft im Steyrtal 144

Burgen, Schlösser, Rittersitze 146

Speisezettel der „Schwarzen Grafen" 148

Georg Matthäus Vischer – Kartograph und Pfarrer 148

Franz Hölzlhuber – Allround-Genie aus Sierning 149

Michael Blümelhuber – Stahlbildhauer 149

Marlen Haushofer – eine der bedeutendsten Dichterinnen 151

Von Steyrtalern (Eine Bildreportage von Franz Limberger) 154
Arbeit – Freizeit – Brauchtum

Augenblicke unterwegs (Wolfgang Heitzmann) 164
Begegnungen und Berührungen

Literaturverzeichnis 176

Bildnachweis 176

Begleitheft mit touristischen Angeboten und Freizeitaktivitäten von A bis Z.

steyr

jähes gefälle
im stau
läßt toben
und tosen
die steyr
sie stürzt sich
in brausendem jubel
hinunter
weiß schäumend
und sprudelnd
sich selbst
überschlagend
im wirbel dahin
und nocheinmal
rauschend zurück
eine drehung
zum falle
nach unten gesogen
dann
endlich befreit
und
entlassen
aus lähmendem kreislauf
kommt langsam
zur ruhe
strömt fort
in die weite
als wäre sie
niemals
gefallen

Hans Ebmer

Steyr-Wasser: Ein kost-bares Element!

Einleitende Gedanken

Seit den Zeiten der griechischen Naturphilosophen hat das Wasser immer schon das Denken von Dichtern, Philosophen und Künstlern inspiriert. So hat der Staatsmann und Philosoph Empedokles angenommen, daß alles Geschehen im Kosmos aus der Vermischung und Entmischung der vier Elemente Feuer, Erde, Luft und Wasser entstehe.
Einer der sieben griechischen Weisen, der um 600 vor Christus lebende Naturphilosoph Thales von Milet, hat versucht, alles Geschehen auf einen Urgrund zurückzuführen, und dieser Urgrund, aus dem nach ihm alles Seiende entstand, liegt im Element Wasser. Aus Wasser ist alles, und in Wasser kehrt alles zurück, war seine Überzeugung.
Die Mystik des Wassers hat insbesondere die Komponisten beeindruckt und befruchtet, die den gemächlichen, rauschenden oder tobenden Lauf des Wassers in Töne umgesetzt haben. Diese Mystik des Wassers fließt in Beethovens „Pastorale" ein, wie auch in die Partien von Bruckners Vierter. Sie kehrt in der „Schöpfung" von Joseph Haydn genauso wieder, wie in Richard Wagners „Rheingold", in Friedrich Smetanas „Die Moldau" oder im beschwingten „Donauwalzer" von Johann Strauß. Mit musikalischer Ausdruckskraft wird dabei die Übereinstimmung des Menschen mit der Natur beschworen.

Links und vorhergehende Doppelseite: Die Geburt eines Flusses – Steyr-Ursprung.

Bruno Sulzbacher hat den Steyr-Fluß in einer Fantasie für Blasmusikorchester verewigt („Ein Fluß erzählt"), in der diese Übereinstimmung zwischen Mensch und Natur eindrucksvoll wiedergegeben wird.
Ähnlich deutlich kann man die Wassermystik in den volkstümlichen Mythen, Sagen und Legenden vieler Regionen und Landschaften unserer Heimat spüren. Dem fließenden Wasser wird hierbei oft eine besondere Bedeutung für die seelische Harmonie der Menschen zugesprochen.
Das rhythmische Klappern von Mühlen an Flüssen ist in Sage, Lied und Brauchtum gerade bei Menschen, die in der Nähe von Gewässern wohnen, tief verwurzelt. Bis in die Romantik hinein findet man dieses Motiv häufig, man denke nur an die schöne Müllerin, der Franz Schubert ein melancholisches Werk gewidmet hat. Und Franz Schubert war es auch, der sich für sein „Forellenquintett" gerade bei Spaziergängen an der Steyr inspirieren ließ. „Die Gegend um Steyr ist über allen Begriffen schön", schreibt Schubert nach seiner ersten Ankunft in Steyr an seinen Bruder Ferdinand. Sein unbeschwertes „Forellenquintett", in dem die Jugendfrische der Berggewässer pulsiert, ist wie ein reiner Spiegel dieser Erlebnisse. Kein musikalisches Meisterwerk zeigt deutlicher, welch tiefe seelische Kraft vom lieblichen Steyr-Fluß auszugehen vermag!
Bedeutsamer als die Mühlen an der Steyr waren sicherlich die Hämmer an ihren Nebenflüssen. Gemeinsam ist ihnen die Nutzung der Wasserkraft und des Wasserrades. Diese Bilder erwecken heute in manchem von uns verschüttete Sehnsüchte, nostalgische Beschaulichkeit oder überschäumende Euphorie.
Dieses idyllische Bild vom Wasser und insbesondere vom Steyr-Wasser könnte sich jedoch künftig als trügerisch erweisen. Der Lebensraum vieler Flußlandschaften – und damit das Ökosystem aus Menschen, Tieren, Pflanzen und

Bakterien – ist in seinem Kreislauf zunehmend vom menschlichen Zerstörungswerk bedroht. Bei diesem Zerstörungswerk spielen nicht nur Großprojekte eine Rolle, sondern auch, wie achtlos wir mit Kleingewässern, Tümpeln, Mooren, Bächen und deren Regenerationsfähigkeit umgehen.

Wir können und müssen am Beispiel des Steyr-Flusses erst wieder lernen, was schön und harmonisch ist – mit seiner Ausdruckskraft die Welt des Anmutigen genauso begreifen, wie die ungestüme Kraft des Zerstörerischen. Wir müssen an diesen Bildern den Wert der Einmaligkeit im Einklang mit Vergänglichkeit und ständiger Wiedergeburt in dem ewigen Kreislauf des Wassers erkennen und diese Prinzipien der biologisch vernetzten Ganzheit auf jeden einzelnen von uns übertragen.

Das Steyr-Wasser erfrischt, erschreckt, beruhigt, erquickt, regt an, kühlt, belebt und leiht uns seine Kräfte. Jene Kräfte, die es genauso den Mühlen und Kraftwerken an seinem Flußlauf geliehen hat und munter noch leiht.

Was können uns die Kraft und der Segen, die von dieser Art Gewässer ausgehen, persönlich bedeuten, und was bedeuten sie für ein menschengerechtes Überleben? Wir wissen, daß der Mensch durch Hunger erst nach ca. zwei Monaten stirbt, ohne Wasser jedoch schon nach etwa einer Woche, und trotzdem haben wir den Charakter dieser Flüssigkeit mit ihren einzigartigen Fähigkeiten noch zu wenig begriffen. Wir wissen, daß bereits der Verlust von ca. 15% Wasser für den Menschen tödlich ist, und trotzdem gehen wir sorglos mit dieser Lebensflüssigkeit um.

Wir Menschen gehen heute daran, das Urelement des Lebens auf unserem Planeten in seiner allgegenwärtigen und alles durchdringenden Bedeutung schwerstens zu beeinträchtigen. Wir selbst sind Wasser, und Wasser ist Teil unseres Lebens. Gerade aus dieser Rolle des Wassers sollte sich ableiten, warum seine Gefährdung weit gravierender für unsere Existenz ist und uns direkter berührt, als es manches andere Umweltproblem tut. Wasser ist ein ganz besonderer Saft, deshalb durchdringt seine Bedeutung unser gesamtes Lebensgefüge. Unsere Flußsysteme erinnern an den menschlichen Blutkreislauf, an seine lebenserhaltenden Funktionen, aber auch an seine Gefährdungen. Gefährdungen, die eine neue Schöpfungsethik erfordern, wie es einer Sozialethik bedarf, um nicht die solidarische Verantwortung einem grenzenlosen Egoismus des Stärkeren unterzuordnen. Und vielleicht wird es eines Tages einmal einen „Tag der Umwelt“ geben, der genauso gefeiert wird wie der „Tag der Arbeit“.

Der Wert einer regenerationsfähigen Natur und ihres geheimnisvollen, wissenschaftlich und ästhetisch unerschöpflichen Evolutionsprozesses rückt radikal in den Mittelpunkt unseres Denkens und Handelns. Eine neue Bioästhetik kann diesem Anpassungsdialog zwischen der Natur um uns und der Natur in uns ein neues Bild der Wirklichkeit übermitteln, wofür gerade die Steyr ein hervorragendes Beispiel ist. Die unwiderstehliche Faszination, die dieser Fluß und seine Nebenflüsse schon auf uns Kinder ausgeübt haben und heute noch ausüben, diese Faszination zeigt uns, daß solche naturnahen Gewässer eine ganze Reihe seelischer Grundbedürfnisse des Menschen erfüllen können und auch erfüllen. Wir haben schon festgestellt, daß eine erlebnisreiche Landschaft zu allen Zeiten eine stimulierende Wirkung auf das künstlerische Schaffen ausgeübt hat. Franz Schubert hätte die Inspiration zu seinem „Forellenquintett“ wohl kaum an den Betonmauern von Großkraftwerken finden können, wie es Bernd Lötsch einmal so treffend formuliert hat.

Darüber hinaus zeigt uns aber auch eine Reihe von Indikatoren, daß naturnahe und ästhetische Landschaften als Erholungs- und Erlebnisräume eine wichtige Rolle für unser Gemüt und unsere seelische Gesundheit spielen können.

Großer Priel und Spitzmauer über dem Schiederweiher in der Polsterlucke.

Trotzdem gibt es immer noch genug Menschen, die von sich behaupten, sie könnten ohne gewachsene Natur leben. Wie es ja auch schließlich Menschen gibt, die behaupten, ohne Kunst leben zu können. Aber die Verhaltensforschung gibt uns Hinweise dafür, daß das langfristig gegen die menschliche Natur gerichtet ist, die den Sinn für das Schöne mit denselben Sinnen erfassen möchte wie andere seelische Empfindungen. Der Sinn für das Schöne ist wie andere Güter aber auch schutzbedürftig. Wer schützt uns eigentlich vor der „Verhäßlichung" unserer Lebensbereiche? Vor dem Anblick von Bausünden, wilden Mülldeponien, häßlichen Abraumhalden oder riesigen Kiesgruben, die sich oft wie Krebsgeschwüre in eine Landschaft hineinfressen?

Ästhetische Werte zu erhalten ist wegen der Wirkung auf das geistige Wohlbefinden ein nicht wegzudenkender Aspekt des Naturschutzes. Diese Auffassung vertritt schließlich auch das oberösterreichische Natur- und Landschaftsschutzgesetz, welches neben ökologischen Schädigungen auch ästhetische berücksichtigt („Beeinträchtigung des Erholungswertes der Landschaft und Störung des Landschaftsbildes"). Dabei ist festzustellen, daß ökologische Vielfalt und ästhetischer Eindruck einer Landschaft sich meist decken. Viele Künstler treten heute an die Seite der Wissenschaftler, die um die Erhaltung jener Lebensgüter kämpfen, die man nicht in Geld umsetzen kann, wozu im wesentlichen Natur- und Kulturwerte gehören. Leben heißt auch, die Sinne für das Schöne zu entdecken und zu schärfen, um dadurch Sinn zu finden.

Dieses Buch erzählt am Beispiel einer einzigartigen Fluß- und Tallandschaft von dieser Schönheit der Natur und unseren Beziehungen zu ihr – von Blumenwiesen und Mischwäldern, Trockenstandorten und Feuchtgebieten, Hochgebirgsregionen und Hügellandschaften, Natur- und Kulturlandschaft; aber auch von ihren Bedrohungen und Verletzungen.

Denn hier sollen nicht nur Lebensraumbeschreibungen wiedergegeben werden, die zum Nachruf zu geraten drohen, zur magischen Beschwörung, oder gar zum Ersatz für eine kaputtgehende Wirklichkeit. Keiner Sehnsucht nach Naturschönheit soll das Wort geredet werden, wie wir es heute aus Darstellungen vieler Landschaftsbildbände schon gewohnt sind.

Ein Buch über die Steyr und ihre Nebenflüsse, über das Steyrtal und seine Nebentäler, kann und darf nicht zu einem Nachruf werden. Es darf nicht alleinige Zielsetzung des Buches sein, die Gegend mit all ihren Landschaftsformen, den dort lebenden Menschen und mit allen Kulturgütern, die diese Menschen geschaffen haben, für unsere Nachkommen festzuhalten; Ziel muß auch sein, einen Beitrag zum Schutz und zur Bewahrung dieses Gebietes zu leisten.

Die Autoren, die Herausgeber und die Fotografen dieses Buches möchten Ihnen die Natur- und Kulturlandschaft des Steyrtals, des gesamten Einzugsgebietes vom Toten Gebirge bis zur Stadt Steyr in Text und Bild vorstellen. Das Buch zeigt ein organisches Ineinander von menschlicher Lebenswelt und Landschaft, von Lebensformen abseits der Metropolen. Es zeigt sowohl eine Welt fast vergessener Handwerke und Arbeitsformen als auch eine Welt, die ob ihrer wunderschönen landschaftlichen Gegebenheiten immer mehr zum Anziehungspunkt für touristische Aktivitäten wird. Diese Welt wurde von einer Reihe verschiedener Autoren und Fotografen, die alle in diesem Lebensbereich heimisch sind, aufgezeichnet.

Viele unbekannte, faszinierende Kleinode der lieblichen Flußlandschaft, der Natur- und Kulturgeschichte dieses Raumes sind in dem Bild-/Textband eingefangen.

Der Biologe Franz Maier geht in einer eindrucksvollen „Flußbiographie“ dem Fluß vom Ursprung bis zur Mündung nach, beschreibt seine geologischen, biologischen, ökologischen und naturhistorischen Besonderheiten und mahnt uns eindringlich, diesen einzigartigen Naturraum nicht zu zerstören.

Redakteur Hans Stögmüller geht den Weg von der Stadt Steyr bis zum Pyhrn zurück und beleuchtet die Kultur und Kunst entlang des Steyr- und Teichltales. Zeitdokumente über Josef Werndl, die Messerer- und Sensenwerke, die Hammerherren und „Schwarzen Grafen“ sind ebenso enthalten wie bekannte Künstler und Kunstdenkmale dieses Kulturraumes. Eine berührende Bildreportage zeigt Menschen dieses Lebensraumes in ihren historischen und aktuellen Lebenssituationen. Eindrucksvolle Bilddokumente und feinfühlige Beschreibungen sind nicht nur Reportage einer heimeligen Idylle, sondern auch Ausdruck eines harten Existenzkampfes.

Wolfgang Heitzmann und Franz Limberger geben Tips und Ratschläge für Wanderungen und Freizeitaktivitäten, beschreiben Touren und Ausflugsmöglichkeiten; sie führen Begegnungen und Berührungen mit Menschen und Natur vor Augen, die zum seelischen Vertiefen und zur aktiven Selbsterfahrung anregen sollen.

Mit dem Buch sind aber auch eine Reihe von Anliegen verbunden. Nicht nur Anliegen der Herausgeber und Autoren, sondern, wie wir

glauben, auch Anliegen vieler Menschen in diesem Lebensraum oder jener, die diesen Lebensraum als ihr geistiges und erholsames Rückzugsgebiet brauchen. So steht im Mittelpunkt dieser Natur-, Landschafts- und Umweltschutzzielsetzungen die Unterschutzstellung der Steyr bzw. der Steyrschluchten und der Steyrauen in ihren einzigartigen Ausprägungen. Ähnliches gilt für alle schützenswerten Teile, welche im Landschaftsplan Steyrtal enthalten sind. Ihre Erhaltung kommt in der Wertigkeit dem kulturellen Denkmalschutz gleich.
Ziel ist eine Unterschutzstellung, die es keinem mehr erlauben sollte, Schotterentnahmestellen fast schon in industriellem Maßstab zu installieren und damit der Flußlandschaft selbst schwerste ästhetische Schäden zuzuführen. Es sollte selbstverständlich sein, die biologische Reinhaltung dieses einzigartigen Flusses, der im Wassergüteatlas immer als reines Trinkwasser ausgewiesen wird, auch zukünftig sicherzustellen. Das bedeutet aber nicht nur eine optische Reinhaltung des Flusses und seiner Nebenflüsse. Die Wunden, die diesem Flußsystem durch mangelnde Kläranlagen, durch Abwässer privater oder industrieller Anlieger zugefügt wurden, sind groß und müssen beseitigt werden. Erst wenn das Umweltbewußtsein breiter Bevölkerungskreise noch weiter geschärft wird, kann auch vermieden werden, daß die Schluchten dieses Flusses und seiner Nebenflüsse trotz organisierter Müllabfuhr als wilde Deponien mißbraucht werden. Heute eine sozialethisch unverantwortliche und psychologisch unverständliche Handlungsweise! Vielleicht werden solche Vergehen gegen Natur und Umwelt und auf Kosten der betroffenen menschlichen Gemeinschaft (die ja letztlich wieder für die Beseitigung aufkommen muß) eines Tages genauso verfemt sein und geahndet werden wie Eigentumsdelikte.
Unser aller Ziel sollte es sein, diese Umweltsünden gemeinsam zu beseitigen und zukünftig überhaupt zu verhindern. Um diese landschafts- und naturschützerischen Zielsetzungen und Anliegen besser verwirklichen zu können, sollte das geplante Nationalparkprojekt „Kalkalpen" mit Vehemenz weitergetrieben werden. Durch das Herzstück dieses Nationalparks fließen ja teilweise die Steyr und wichtige Nebenflüsse, wie die Teichl. Das Flußsystem der Steyr und ihrer Nebenflüsse und Bäche stellt gerade einen wichtigen Blutkreislauf dieses geplanten Nationalparks dar. Es durchzieht ihn teilweise in Form von feinen Adern, die nicht nur Sauerstoff, sondern auch alle wichtigen lebenserhaltenden Bestandteile des großen Organismus transportieren.
In diesem Zusammenhang geben wir zu bedenken, daß die geplante Pyhrn-Autobahn als Transitroute dieses Fluß-Ökosystem stark gefährden würde und den notwendigen Ausgleich zwischen Ökonomie und Ökologie empfindlich beeinträchtigt.
Der Nationalpark „Kalkalpen" könnte nicht nur eine große Chance für die schützenswerte Landschaft selbst sein, sondern auch für die Menschen, die diesen Lebensraum bewohnen. Einen Lebensraum, der sich natürlich auch immer mehr den zukünftigen Anforderungen des Tourismus stellen muß. Dabei ist selbstverständlich, daß das Ziel dieser Region Pyhrn/Eisenwurzen nicht der industrielle Tourismus sein kann, sondern der sogenannte „sanfte Tourismus", der es dem Menschen erlaubt, eine echte Erholung zu genießen, ohne daß die betroffene Landschaft in hohem Ausmaß ausgebeutet wird. Eine Maßnahme, diesen sanften Tourismus in der Steyrtalregion zu forcieren, könnte unter anderem auch die Realisierung des geplanten Radwanderweges von Grünburg nach Klaus sein. Es dürfte von hoher Attraktivität für Gäste in diesem Raum sein, mit der Steyrtal-Museumsbahn von Steyr bis Grünburg zu fahren und dann anschließend mit dem Rad von Grünburg bis Klaus entlang

dieses einzigartigen Flusses, seiner Cañons, seiner Täler und Ausprägungen zu radeln und Energie zu tanken für die Seele und das Gemüt. Weitere Impulse wären auch zu setzen im Rahmen des „Vereins Eisenstraße“. Die Kleineisen-Geschichte beginnt im Steyrer-Wehrgraben und zieht sich entlang der Steyr hinein, vorbei an den Messerwerken in Steinbach bis zu den Sensenwerken in Molln, Leonstein, Steyrling und Spital am Pyhrn. Die Einbeziehung dieser „Oberösterreichischen Eisenstraße“ mit ihrer Eisengeschichte entlang der Steyr und deren Nebenflüsse in eine zukünftige regionale Landesausstellung würde die historische Bedeutung dieses Raumes würdig unterstreichen.
Gerade für das Steyrtal als landschaftliches und kulturelles Herzstück der Region Pyhrn-Eisenwurzen sollten wir aber auch Kulturimpulse setzen. Kulturimpulse in Form von Heimathäusern und Museen, wie dem Sensenmuseum in Micheldorf, dem Trachten- und Modemuseum in Klaus oder dem geplanten Messerermuseum in Steinbach an der Steyr. Impulse zur Revitalisierung der Orte und Ortskerne, der Dörfer, Bauernhäuser und Siedlungen. Einer Revitalisierung, die uns die Gemeinde Steinbach an der Steyr bereits sehr eindrucksvoll vorgeführt hat.
Kulturinitiativen, die nicht nur Geschichte oder Architektur beinhalten, die Hebung des Heimat- und Geschichtsbewußtseins im Sinne der Devise „Grabe, wo du stehst!“, sondern auch Initiativen für die Menschen selbst, für Menschen, die Theater spielen, die das Brauchtum pflegen oder die Landschaft und seine Menschen in künstlerischer Form für uns und unsere Nachkommen festhalten. Dabei können wir uns mit Stolz auf viele Persönlichkeiten berufen, die ihre künstlerischen Ambitionen und Intentionen aus der Kraft dieses Lebensraumes geschöpft haben und die diesen Lebensraum auch zur Mitte ihrer künstlerischen Welt gemacht haben. Inspirationen, die sich etwa in musikalischen Ausdrucksformen bei Franz Schubert niedergeschlagen haben. Oder Inspirationen einer Marlen Haushofer, die unzählige Motive ihrer erfolgreichen Romane aus diesem Lebensraum geschöpft hat, in dem der Himmel nirgendwo endet, wie sie so schön in einem ihrer Romane, der in ihrem Geburts- und Heimatort Frauenstein spielt, schreibt.
Es ist sehr zu begrüßen, daß die Heimatgemeinde Molln dieser weit über die Grenzen Österreichs hinaus bedeutenden Schriftstellerin anläßlich ihres 20. Todestages eine Gedenktafel gewidmet hat, womit dieser Frau auch in ihrem Geburtsort jene künstlerische Bedeutung und Ehre zugewiesen wird, die sie als Schriftstellerin im nationalen und internationalen Raum schon lange genießt. Wir können zuversichtlich sein, daß die „Wand“, die wir selbst allzuleicht um uns gedankenlos aufbauen, immer mehr abgerissen wird und Einlaß bietet für einen offenen Kultur- und Lebensraum, der wie ein kommunizierendes Gefäß den befruchtenden Austausch von Gedanken, Visionen und Taten zwischen den Menschen fördert, die zusammenleben müssen und die aus diesem Zusammenleben weiterwachsen können, um immer mehr das zu sein, was sie als „Kulturwesen Mensch“ überhaupt sein können. Dazu müssen wir uns darauf besinnen, daß wir nicht als Maschinen erschaffen worden sind, sondern als Teil eines Kreislaufes in der Biosphäre und in der uns umgebenden Natur. Einer Welt, in der Kultur und Natur ineinanderfließen, so wie es sich die griechischen Philosophen für die vier Urelemente allen Lebens in diesem Kosmos vorgestellt haben. Wir können nur dann im Einklang mit der Natur leben, wenn wir ihr gehorchen. Die Steyr und das Steyr-Wasser könnten uns dazu verhelfen, diese Zusammenhänge wieder neu zu sehen und zu be-greifen, damit das kostbare Element „Wasser“ auch in Zukunft unsere kost-bare Lebensgrundlage sein kann.

Die Herausgeber

STEYR
Garsten
Sierning
Bad Hall
Kremsmünster
Wartberg a.d.Krems
Pettenbach
Kirchdorf a.d.Krems
Schlierbach
Micheldorf in Oberösterreich
Molln
Ternberg
Losenstein
Reichraming
Klaus a.d. Pyhrnbahn
Klauser See
Steyrling
Sengsengebirge
Hochsenge
Hoher Nock
Windischgarsten
Spital
Hinterstoder
Vorderstoder
G.Priel
Spitzmauer
Warscheneck
Hochmölbing
Pyhrnpaß
Bosruck
Haller Mauern
Pyhrgas
Admont
Liezen
Ardning
Reichraminger Hintergebirge
Schieferstein
Hengstpaß
Rosenau
Scharnstein
Grünau
Almsee
Kasberg
Hochsalm
Schneeberg
Weyer

Im Fluß

Franz Maier

Die Steyr und ihre Täler – Zauber einer (un)entdeckten Landschaft

Zauber der Steyr, wieviel das bedeutet! Eine smaragdgrüne Wasserader durchzieht das Wald- und Wiesenmeer der Voralpen; bleiche Grate und Zacken umrahmen die Landschaft im Süden, sanfte Hügel erscheinen erst viel später im Norden. Wild und lieblich zugleich sind die Täler der Steyr, manchmal auch mit Wunden behaftet, oftmals aber noch verwirrend schön…

„Die Steyr hat ihren Ursprung im Baumschlager Reut am Anfange des Hinterstoderthales", nimmt östlich und westlich Seitenbäche auf „und vereinigt sich beym Schlosse Steyr mit der Enns", schrieb Benedikt Pillwein vor mehr als eineinhalb Jahrhunderten; fürwahr eine recht kurze Abhandlung. Nicht einmal 70 Kilometer lang, ist die Steyr dennoch der größte zur Gänze innerhalb Oberösterreichs liegende Fluß, und was für einer. Vom kargen Gebirge bis zur alten Eisenstadt heißt es eine Landschaft zu entdecken, die ihresgleichen sucht. Aber fangen wir ganz von vorne an…

Vom Urknall zum Steyrtal

Vor vier bis fünf Milliarden Jahren entstand ein neuer Planet: die Erde. Im Laufe der Jahrmillionen kühlte dieser einst unvorstellbar heiße Feuerball ab, im alleinigen Superkontinent Pangaea, der später in einzelne Kontinentalplatten zerbrach, waren alle Landmassen vereinigt. Vor etwa 100 Millionen Jahren konnte die Entstehung der Alpen beginnen. Beim Zusammenstoß zweier solcher Kontinentalschollen, der afrikanischen mit der eurasiatischen, wurde der Boden des alten Mittelmeerbeckens, der Tethys, zusammengepreßt und in gebirgsbildende Prozesse miteinbezogen. Meeressedimente wurden gehoben und als ganze Pakete verfrachtet, dabei verfaltet und gestaucht. Erst in junger geologischer Zeit, während der letzten Millionen Jahre, sind die Alpen schließlich zum Hochgebirge geworden. Die Kalkalpen im südlichen Oberösterreich – so unwahrscheinlich das vielleicht klingen mag – bestehen also vielfach aus Meeressedimenten oder Riffen von Kalkalgen und Korallen, die in tropischen Meeren des Erdmittelalters nach und nach zu oft mächtigen Felsburgen emporgewachsen waren. Heute bilden diese imposant-schroffen Gipfel mit den steilen, hellgrauen Wandfluchten die natürlichen Grenzen im Süden unseres Bundeslandes.

Im Norden den Kalkalpen vorgelagert, zieht sich die sogenannte Flyschzone als mehr oder weniger schmaler Mittelgebirgsstreifen vom Osten Österreichs bis nach Vorarlberg. Nördlich der Flyschzone erstreckt sich als dritte geologische Einheit eine flache Hügellandschaft, die Molassezone.

Infolge der alpidischen Gebirgsbildung kam es später zu einem Rückzug des Weltmeeres, wodurch das breite oberösterreichische Meeresbecken nach und nach aussüßte und verlandete. Aus dieser Meeresregression dürfte sich ein erstes Entwässerungsnetz der Donau und ihrer Nebenflüsse, eingeschlossen die Steyr, entwickelt haben. Hervorgerufen durch weitere Landhebung tieften sich die entstandenen Wasserläufe nach und nach in die Gesteine und Ablagerungen ein.

Die Eiszeit – besser gesagt die Eiszeiten, denn es gab ja mehrere – war schließlich der letzte große landschaftsgestaltende Faktor. Ein Netzwerk von Eisströmen erfüllte das Steyrtal und alle seine Seitentäler, Gletschereis schürfte und hobelte die Täler aus und ließ das Geschiebematerial teilweise als Moränen zurück.

In der vorletzten Eiszeit, der sogenannten Rißeiszeit, entstand im Einzugsgebiet der Steyr das letzte Mal ein mächtiges zusammenhängendes Eisstromnetz, das etwa drei Kilometer südlich von Obergrünburg noch die Flyschhügel erreichte. Gegen Ende der Rißeiszeit stieß eine breite Gletscherzunge kurzfristig sogar noch weiter nach Norden vor und rückte mit ihrem Maximalstand bis auf die jetzige Höhe von Untergrünburg und Steinbach.

Gletscher und Schmelzwässer verfrachteten abgetragene Steine und vom Eis zerriebene Feinstteilchen, wodurch breite Schotterfluren abgelagert wurden und eine nachhaltige Verlegung des Steyrflusses stattfand. Die satten Schotterterrassen des Steyrtals sind also kaltzeitliche Bildungen.

Wahrscheinlich schon vor der drittletzten Eiszeit war die einstige Wasserscheide aus Dolomitgestein nördlich von Frauenstein durch die abtragende Wirkung der Gletscher so weit erniedrigt worden, daß eines Tages die Steyr hier durchbrechen konnte und nicht mehr wie früher in das heutige Kremstal abfloß.

In der letzten Eiszeit, der Würmeiszeit, wurde schließlich die Vergletscherung im Gegensatz zur Rißeiszeit durch weitgehend voneinander isolierte Lokalgletscher geprägt, die sich nur mehr in den nach Norden exponierten Karen bilden konnten und gerade an drei Stellen den Talgrund erreichten: In der Hopfing ist zwischen den zwei Spitzbergen und dem Ramsauer Größtenberg auf Höhe der Straße eine kleine Endmoräne der schmalen Würmgletscherzunge aus dem riesigen Karraum des Sengsengebirges erhalten geblieben. Im Einzugsgebiet der Krummen Steyrling entwickelte sich ebenso ein kurzer Lokalgletscher, der vermutlich bis in den Bodinggraben herausrückte. Eine dritte Gletscherzunge stieß an der steilen Nordseite der Kremsmauer bis zum heutigen Kremsursprung herunter. Ganz im Süden des Steyrtals kam es am Nordabfall des Toten Gebirges noch zur Ausbildung eines kurzen Talgletschers, der das Stodertal erfüllte. Das

Seit eh und je nagt die Steyr mit dem Stromboding-Wasserfall am Gestein.

große zusammenhängende Eisstromnetz der Alpen erreichte aber in der Würmeiszeit nur mehr mit einem mächtigen Seitenast über den Pyhrnpaß das Einzugsgebiet der Steyr.
Wie ist nun eigentlich die heutige Schluchtstrecke der Steyr, diese einzigartige „Tal im Tal“-Erscheinung entstanden?
Antwort gibt – wen wundert's – die ewig formende Kraft des Wassers:
Nach dem Rückzug der Gletscher erfüllten ja unvorstellbare Schottermassen das gesamte Talsystem. Erst dann tieften sich Steyr, Teichl und Krumme Steyrling, schon mit weit geringerer Wassermenge als ihre reißenden Vorgänger, in diese Ablagerungen ein und formten in jahrtausendelanger Arbeit die heute so eindrucksvollen Konglomeratcañons des südöstlichen Oberösterreichs. Vom Ursprung bis zu ihrer Mündung wollen wir diese nun begleiten. Dreißig bis vierzig Meter tief eingeschnitten, haben die nahezu senkrechten, oft sogar überhängenden Schluchtwände aus Konglomerat – so bezeichnet man die zu festem Gestein verkitteten Schotterablagerungen – diese intimen Adern der Landschaft behütet; nicht überall ist dies auch nachhaltig gelungen.

Jung und wild – Die Steyr im Stodertal

Trogförmig eingebettet zwischen den zwei kalkalpinen Hochgebirgsstöcken der Priel- und Warscheneckgruppe kennt das Stodertal in ganz Oberösterreich – und darüber hinaus – kein Gegenstück vergleichbarer Großartigkeit. Hoch über dem Steyr-Ursprung vereinen sich die Felswände und Abbrüche des zentralen Plateaugebirges mit dem Gipfelkamm, der vom Warscheneck zum Almkogel herüberzieht, zum alten Salzsteigjoch, und umrahmen einen kesselförmigen Talschluß, der zu den schönsten in den Nordalpen überhaupt zählt. Um mehr als 1900 Meter überragt der Große Priel das Stodertal; mitsamt der anschließenden Gipfelreihe schafft er einen imposanten Reliefunterschied, der nirgendwo sonst in Oberösterreich in einer derartigen Höhe ausgebildet ist. Talauswärts verriegelt das Engtal der Steyr, eingeklemmt zwischen den Steilabfällen des Kleinen Priels auf der einen und die des Poppen- und des Steyrsberges auf der anderen Seite, mit der Wasserfallstufe des Strombodings die Talweitung von Hinterstoder. „Abgeschlossenheit und Großartigkeit“, stellt Josef Schadler fest, sind das Grundmotiv der Stoderlandschaft. Die Abgeschlossenheit der Täler rund ums Tote Gebirge ist tatsächlich so ausgeprägt, daß manche Berge, die von verschiedenen Tälern aus sichtbar sind, verschiedene Namen tragen. Der Almkogel östlich des Salzsteigjochs etwa heißt in Stoder Eisenberg.
Im innersten Stodertal nun, in der Nähe der Baumschlagerreith, entspringt am Fuße des Hebenkas die Steyr und durcheilt, sehr bald an Breite gewinnend, in nördlicher Richtung das Tal. Von Anfang an hat die junge Steyr nie ausgesprochenen Wildbachcharakter, weil zur Sammlung größerer Wassermassen sichtlich ein ausgedehntes oberirdisches Einzugsgebiet fehlt. Schon nach wenigen Metern ist sie ihrer Sohlbreite nach bereits ein Fluß, in Wirklichkeit jedoch nur zu Schmelzwasserzeiten und nach stärkeren Niederschlägen.
Umso wilder hingegen drohen linkerhand der Stoderlinie die Ostabstürze Österreichs größter Karstwüste. An Ausdehnung übertrifft das Tote Gebirge mit einer Gesamtfläche von weit über 1000 Quadratkilometer sogar den benachbarten Dachsteinstock, beide gemeinsam sind indes die bedeutendsten Plateaugebirge der nördlichen Kalkalpen. „Grau und todesstarr, nur hie und da von dunkelgrünen Krumholzbüschen unterbrochen, drängen sich von allen Höhen schauerlich zernagte Karenfelder mit zahllosen Hügeln und Buckeln, Trichtern und brunnenartigen Schlünden herab und scheinen uns ein gebieterisches Halt zuzurufen“, schrieb Georg Geyer 1878 so treffend über den zentralsten Teil

Das Prielschutzhaus – ein beliebtes „Basislager" für Expeditionen ins Tote Gebirge.

der gewaltigen Karsthochfläche. Im Gegensatz zu diesen ernsten Felsmauern des Toten Gebirges sind die Vorberge des Warschenecks in Einzelgipfel und Rücken mit bizarren Kleinformen aufgelockert. Das Dolomitgestein dieser rechterhand der jungen Steyr abdachenden Talflanke neigt zur Ausbildung solch kegelförmiger Berggestalten und weiterhin zu deren Auflösung in ein chaotisches Gewirre von Türmen, Zacken und Felsspitzen. Das landschaftliche Gesamtbild ist abwechslungsreicher, dem ganzen Talraum gibt die breite Warscheneckflanke eine befreiende Weite.

Der erste Zufluß, den die junge Steyr erhält, ist der Ostrawitzbach, der aus der Dietlhöll herauskommt, einem wildromantischen Hochgebirgskessel, der umrahmt von den Steilwänden des Ostrawitz, der Spitzmauer, der Dietlbüheln und der beiden Hochkästen einen überwältigenden Eindruck hinterläßt. Auch gegen Süden öffnet sich bald ein landschaftlich äußerst reizvolles Nebental, zugleich Standort vieler geschützter Pflanzen, die oftmals in den Schluchtabschnitten und Steilwänden unzugänglich verborgen sind. Aus dem Weißenbachtal stammt so auch der letzte in Oberöster-

reich belegte Edelweiß-Fund – ein ganzes Jahrhundert ist diese Meldung nun bereits alt. Und einiges deutet darauf hin, daß es schon der letzte Nachweis bleiben wird.
Aus der verschlafenen Polsterlucke führt dann die Krumme Steyr ihr kristallklares Wasser in den Steyrfluß. Ohne Zweifel ist dieser Talschluß ein landschaftlicher Höhepunkt im Stodertal. Zuerst der verträumte Schiederweiher, von dem sich ein herrlicher Blick auf das kühne Felsenrund von Spitzmauer, Brotfall und Großem Priel auftut; dann die großen Schutthalden des Öttlberges, vor allem im Frühjahr mit einer Fülle von wunderschönen Blumen unmittelbar an den Wanderwegen; oder die sumpfigen Orchideenwiesen mit dem „insektenfressenden" Alpen-Fettkraut im südlichen Teil des ebenen Talkessels. Gleich am Waldrand hingegen stehen drei Findlinge aus Sandstein, in die zahllose versteinerte Schnecken der Gattungen Trochactaeon und Nerinea eingebacken sind. Als Leitfossilien können wir aus ihrem Vorhandensein erkennen, daß in der Kreidezeit das heutige Stodertal ein flaches, zumindest teilweise mit Brackwasser erfülltes Meeresbecken gewesen sein muß, das für die Schnecken den idealen Lebensraum darstellte. Ringsum waren währenddessen noch nicht einmal die höchsten Alpengipfel aus dem Meer aufgetaucht …
Ein geradezu schon klassisches Beispiel für naturzerstörenden Forststraßenbau gibt es weiter hinten in der Polsterlucke zu „besichtigen", am besten beim Aufstieg zum Prielschutzhaus. Von kritischen Bergwanderern oftmals fotografiert, wurden mit Bildern von diesem Schandfleck sogar Preise bei einschlägigen Fotowettbewerben errungen. Obwohl jener rücksichtslose Eingriff bereits über zwanzig Jahre lang Abschreckung genug hätte liefern müssen, wuchsen in Hinterstoder brutale Forststraßen immer mehr in die Gebirgswälder hinauf, besonders an den Süd- und Osthängen der Prielgruppe und auf der Hutterer Höß. Einem gerade in Zeiten des Waldsterbens nicht zu unterschätzenden Umweltproblem begegnet man in den Wäldern des Stodertals auch abseits der Forstwege und Skipisten. Ein teilweise stark überhöhter Wildbestand verursacht ungeheure Schäden vor allem an den ökologisch wertvollen Baumarten Tanne und Buche. So verhindert der Wildverbiß, im Grunde aber oftmals eine uneinsichtige Jägerschaft, das Aufkommen eines stabilen Jungwuchses, gedacht und notwendig als zweite Verteidigungslinie gegen das Waldsterben.

Blick vom trockenen Weiß des Toten Gebirges …

... ins satte Grün des Stodertales – dazwischen liegen 1500 Höhenmeter!

Seit jeher wird das Stodertal jedoch wegen des unvergleichbaren Reichtums und der Schönheit seiner Flora aufgesucht – fürwahr auch heute noch ein recht eigenartiges Pflanzenparadies, das stets aufs neue entzückt. Einige wenige Arten seien angeführt: die überaus seltenen Orchideen Hundswurz und Frauenschuh gleichsam als Charakterpflanzen des ganzen Steyrtals; Silberwurz, Geflecktes Knabenkraut, Herzblättrige Kugelblume, Flaumiges Steinröserl, Stengelloser Enzian, Schneeheide, Bergminze und Augenwurz etwa auf begrünten Dolomitschutthalden; Mehlprimeln als Eiszeitrelikte in feuchten Wiesen unweit der hellblauen Büsche des Alpen-Leins; Trollblumen, Narzissen und Akeleien auf heimlichen Talgründen; und erst die Unzahl von Alpenpflanzen, wie beispielsweise die geheimnisvolle Mondraute, Türkenbund, Weißer Speik, Alpenglöckchen, „Jagerblut" und „Petergstamm", wenn man etwas höher hinauf steigt; zu guter Letzt noch die brennrote Feuerlilie und das

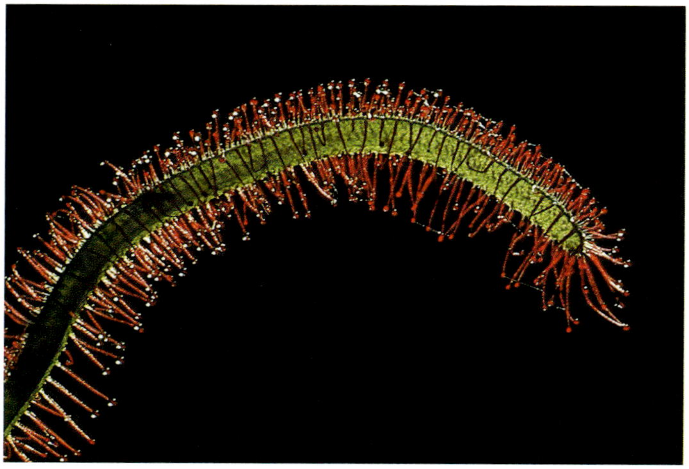

Am liebsten aber sah ich einfach über die Wiese hin. Sie war stets in leichter Bewegung, selbst wenn ich glaubte, es wäre windstill. Ein endloses sanftes Gekräusel, das Frieden und süßen Duft ausströmte. Lavendel wuchs hier. Almröserl, Katzenpfoten, wilder Thymian und eine Menge Kräuter, deren Namen ich nicht kannte, die aber ebensogut, nur wieder anders rochen als der Thymian.

MARLEN HAUSHOFER, *aus: Die Wand, Ullstein*

„Stödererbleaml", die Anemone – eine Schmuckblume, die weltweit nur in den österreichischen Nordostalpen vorkommt.
Nach kurzem, mäanderartig gewundenem Lauf in nordöstlicher Richtung erreicht dann die Steyr schon das Ende des eigentlichen Stodertals. Hier nimmt sie noch den von Vorderstoder, einem der höchstgelegenen Dörfer Oberösterreichs, herunterkommenden Loigisbach auf, der die Talverbindung ins Becken von Windischgarsten herstellt. Von dort oben genießt man wohl den besten Einblick in die grandiose Bergkulisse der Prielgruppe. Zwei interessante Quellbäche speisen den Loigisbach. Einer von beiden stammt aus dem malerisch gelegenen Schafferteich, der vor alter Zeit über einer ehemals sauren Wiese aufgestaut wurde. Der zweite Bachlauf hingegen, nahe der Wasserscheide zwischen Steyr und Teichl entspringend, streift das Filzmoos, ein relativ stark gestörtes Moor, genau am Sattel entwickelt, der das Tal von Vorderstoder vom Windischgarstner Becken trennt. Die Filzmooser Jochlinde, eine uralte, wenigstens 600 Jahre zählende Baumgestalt, markiert seit altersher diesen Übergang. Als vermutlicher Galgenbaum erlangte diese Sommerlinde schon gegen Ende des 16. Jahrhunderts ihre geschichtliche Bedeutung; auf 799 Meter Meereshöhe, wo von Natur aus Linden nur mehr sehr selten wachsen, ist ein 28 Meter hoher Baumriese mit fast sechseinhalb Metern im Umfang durchaus auch naturkundlich etwas Besonderes.
Das Tal der Steyr verengt sich beim Austritt aus dem inneren Stodertal dann plötzlich schluchtartig. Am linken Ufer liegen hier im Durchbruchstal der Steyr zwischen Kleinem Priel und Poppenberg zwei höchst merkwürdige Naturdenkmäler. Einmal der Schwarzbach mit seinem in der Regel trockenen, 30 Meter langen Bachbett: Scheinbar aus dem Nichts auftauchend, verschwindet er gleich darauf wieder in der Steyr. Erst bei Hochwasser ergießen sich

Die Eiskapelle im Sengsengebirge.

Wassermassen aus zahlreichen engen Spalten und Öffnungen dieser Karstquelle und überströmen den Promenadensteig, der vom Schachingersteg herüberführt. Dann die Kreidelucke, die mit der sonnig-verträumten Lucke hinten beim Polstergut aber wirklich nur den Nachnamen gemeinsam hat. Düster-drohend öffnet sich diese verzweigte Höhle mit einem acht Meter hohen Portal, aus dem sich manchmal bei starken Niederschlägen gewaltige Wassermassen zu Tage wälzen. Geheimnisvollfinstere Sagen umranken deren lange Erforschungsgeschichte: So wollte der Teufel, weil

Eislueg im Stoderkamm.

ihm „vor alters die Leute in Hinterstoder zu fromm waren", einmal das ganze Tal ersäufen. Er versuchte, den Kleinen Priel und den Steyrsberg übereinander zu werfen, um die Steyr dadurch aufzustauen. Der schwarze Schweiß floß ihm dabei vom Leibe, sodaß der noch heute gurgelnde Schwarzbach entstand. Vor lauter Wut, da die Anstrengungen nichts fruchteten, fuhr er schließlich mitten durch den Berg in die Hölle: Die Kreidelucke war geboren. Gleichwohl wartet tief drunten, so wird erzählt, ein schwarzer, zottiger Hund, zwischen seinen scharfen Zähnen einen Schlüssel für eine schwere Kiste haltend. Bis an den Rand sei die bewachte Kiste mit Schätzen gefüllt, wurde oftmals augenzwinkernd schon versichert. Mit einem Freund wollte ich es dann ganz genau wissen: Kein Wort ist wahr davon, ich schwöre es. Die einzigen Tropfsteinschätze haben unbelehrbare Zeitgenossen längst schon abgerissen, kistenweise könnte man höchstens noch den glitschigen, aus allen Spalten quellenden „Bergmilchgatsch" davontragen. Wer einmal hineingekrochen ist, weiß längstens beim Herauskommen an seiner Kleidung, daß diese Unterfangen keine große Mühe macht …

Enger und enger drängt sich die Steyr indessen in der Schluchtstrecke, ungewohnt rasch und turbulent, endlich stürzt sie wildbrausend den Stromboding hinab, hinsichtlich der Wassermenge der zweitgrößte Wasserfall Oberösterreichs. Erst in der Tambergau verbreitert sich das Tal wieder und bildet einen Schotterkessel, der durch die prächtigen Abstürze des Kleinen Priels beherrscht wird. Unterhalb des Strombodings beginnt dann auch die schönste Wildwasserstrecke, die – ganzjährig befahrbar – mit Schwierigkeiten zwischen II und III bis zur Steyrbrücke hinausführt. Eisblau und oft verblockt fließt die Steyr als echter Gebirgsfluß – wieder in einem Engtal – ihrem größten Nebenfluß, der grünen Teichl, entgegen.

Wildwasserregatta an der Steyr.

Rechte Seite:
Faszination Wildwasser – Spannung und Lebensfreude im unteren Stodertal.

29

Steiler Turm am Himmelsrand,
Bächlein unter Bäumen,
Hügeliges Apfelland,
Das die Wolken säumen.

Alter Städte Markt und Tor,
Glockenton von ferne,
Überm Hohen Priel hervor
Erste blasse Sterne.

Landschaft, himmelweit und groß:
Nach der Tage Hasten
Selig war's, in deinem Schoß
Träumerisch zu rasten.

Selig war's, zu dieser Frist
Uns von allem Bösen
In dem Frieden, der du bist,
Linde zu erlösen.

PAULA VON PRERADOVIC

Zwischen „Kolossen" und „anmuthsvollen Thälern"

Daß die Teichl aus dem Brunnsteinersee entspringt, „bey 3/4 Stunden lang bis zum ‚rodelnden Lug' fließt, sich dann in der Erde verliert und nach einer Distanz von 2 Stunden am Pyhrn wieder erscheint, (...) bey St. Pankraz vorbeyläuft und sich 3/4 Stunden davon bey Dürnbach in die Steyr ergießt", wußte bereits 1828 Benedikt Pillwein zu berichten. Heute sind die seltsamen ersten 1200 Meter Teichlschlingen auf der Wurzeralm mitsamt den mächtigen Berggestalten der Umgebung als Naturschutzgebiet Brunnsteinersee – Teichlboden vor unerlaubten Eingriffen geschützt. Zurecht, bedeutet doch die weite Hochmulde eine Besonderheit in mehrfacher Hinsicht: Im heutigen Teichlboden breitete sich nach dem Rückzug des würmeiszeitlichen Gletschers ein Schmelzwassersee aus. Auf seinem Grund setzten sich durch Jahrtausende hindurch zuerst Ton und später Kalkschlamm ab und verdichteten so die vorhandene Karstwanne. Vermutlich erst am Ende einer Wärmezeit, vor etwa 5000 Jahren, verlandete der See, indem Riedgräser in ihn hinein vordrangen. Unter feucht-kühlem Klima, etwa unserem heutigen vergleichbar, siedelten sich Torfmoose an, und die Entwicklung zum Hochmoor setzte ein. So konnten in der ebenen Teichlmulde die beiden Filzmöser entstehen, deren Ausdehnung schon von weitem durch den Latschenbewuchs vorgezeichnet wird. Viele andere Spezialisten unter den Pflanzen (Blumenbinse, Kleinfrüchtige Moosbeere, Heidelbeere, Preiselbeere, Kronenlattich, Sumpf-Veilchen, Rasen-Haarbinse, Seidiges Wollgras, Rosmarinheide u. v. a.) behaupten die nährstoffarmen Moorböden in diesem Stück Urlandschaft. Weiter gegen das Warscheneck zu, am Westrand der Teichlmulde, liegt der Kleine Brunnsteinersee – mit seinen teilweise versumpften Ufern zwar kein rechtes Badewasser, umso mehr aber ungestörter Lebensraum für gefährdete Lurche. Grasfrosch und Erdkröte haben hier ihren Laichplatz, Molche tummeln sich im Wasser zwischen den verzweigten Armleuchter-Algen, bei Regenwetter kriechen die glänzend-schwarzen Alpensalamander aus ihren Verstecken hervor.

Von hier aus nimmt auch die Teichl ihren Ursprung, schwindelt sich durch Moorkomplexe und Niedermoorwiesen hindurch und erreicht mäandrierend das Schluckloch, die Teichlschwind, in der sie urplötzlich gurgelnd verschwindet.

Man glaubt es kaum, hier in unmittelbarer Nähe von ausuferndem Skitourismus solch großartige Anschauungsobjekte der Erdgeschichte und Naturkunde erleben zu können, wenn man drüben die Standseilbahn den aufgerissenen Wald durcheilen sieht, im Sommer den verwundeten Boden überwindet und dabei die harten Begleitbauten der Technik als ein Selbstverständnis der Freizeitgesellschaft zu begreifen versucht.

Im ganzen jedoch birgt der Warscheneckstock noch eine ungemein artenreiche und pflanzengeographisch bemerkenswerte Flora. Seiner Form nach hat er im zentralen Teil Plateaucharakter, während sich nach allen Seiten hin Auflösung in Kämme und Grate zeigt. Über dem sogenannten „gebankten Dachsteinkalk" des Warschenecks hat sich eine Karstwildnis ausgebreitet, wie sie nur wenigen Kalkstöcken der Ostalpen eigen ist. (Gebankt werden von den Geologen die hellgrauen, fast waagrecht übereinander liegenden Gesteinsschichten bezeichnet – schon von der Bergstation aus sind sie gut zu erkennen.)

Viel weiter talwärts erscheint dann die Teichl in einem Graben wieder, nimmt östlich den Dambach und den Rettenbach, südlich aber die Pießling auf, um endlich nach gut 30 Kilometern in die Steyr zu münden. Jenseits der Teichllinie stellen Bosruck und Haller Mauern den

Das Sengsengebirge spiegelt sich im Gleinkersee. Vorhergehende Doppelseite: Wintermärchen im Garstnertal – Blick vom Bosruck-Anstieg auf den Hochsengs und die Warscheneck-Ausläufer.

imposanten Typ der Kettengebirge dar, mit steilen Graten und stark zerklüfteten und gescharteten Wänden. Prächtige Kare und Trogtäler aus der Eiszeit sind im Norden dieser Gebirgszüge entwickelt.

Fast hätte ich vor lauter Wildheit dieser Kolosse auf den kleinen und doch so interessanten Klammbach bei Spital am Pyhrn vergessen, hat er doch ein Naturgebilde von besonderer Eigenart und Seltenheit geschaffen, die Dr.-Vogelgesang-Klamm. Eigentlich gestaltet er sie auch noch gegenwärtig: Die durch Wasserfälle und Kehrwasser aus dem Fels geschliffenen kreisrunden Kessel demonstrieren deutlich genug, daß die Klamm auch in ihrer jetzigen Form noch mitten in der Entstehungsphase steckt. Teilweise liegen sie schon weit über dem Wasserspiegel, oft aber bilden sie auch das Bachbett und werden so lange weiter ausgehöhlt, bis die Schlucht wieder tiefer geworden ist. An die 150 Meter weit hat sich der Bach in den harten Kalkfels schon eingeschnitten; noch lange kein Grund für viele reizvolle Pflanzen, nicht auch die kleinsten Ritzen des

Gesteins als Lebensraum auszunutzen. Der Rundblättrige Steinbrech und die Rundblättrige Glockenblume finden sich beispielsweise in dem dunklen Gemäuer, als typische Schluchtwaldpflanze auch das Silberblatt.
Spital am Pyhrn und seine Felsbastionen zurücklassend, ist die Teichl inzwischen mit Schwermetallen (vor allem Nickel) eines metallbearbeitenden Betriebes so arg belastet, daß sich „nach bergmännischen Kriterien" beinahe wieder der Abbau des Sedimentes rentieren würde. Bis in die Steyr, also über 20 km (!) flußabwärts, hat diese massive Gewässerverschmutzung den Fluß und seine Lebewelt beeinflußt. (Nach technischen Schwierigkeiten und einigen Verzögerungen gehören die Einleitungen Gott sei Dank seit 1989 endgültig der Vergangenheit an!)
Kaum mehr reparierbar ist hingegen die weite Talmulde der Gleinkerau: Feuchte, anmoorige Wiesen entfalteten sich zwischen auflockernden Gehölzgruppen, bevor sie dem Druck der Landwirtschaft und dem Autobahnbau weichen mußten; weit verbreitet kamen im Frühjahr Narzissen zur Blüte. Zwei Bildstöcke unter alten Lindenbäumen, die die Zeit überdauerten und vielleicht noch uns selbst, sind zu überholten Zeichen des Glaubens geworden, früher einmal waren sie Blick und Ziel in dieser Landschaft.
Die Kalkstöcke rücken nun mehr und mehr auseinander, weitläufig öffnet sich das Becken von Windischgarsten. Mit seinen runden Oberflächenformen steht es im krassen Gegensatz zur schroffen Morphologie der horizontbildenden Hochgebirgsumrahmung. Denken wir an die Entstehung der Alpen: Kalke und Dolomite der Kalkalpen wurden nach ihrer Hebung als einheitliche Masse weit über hundert Kilometer nach Norden bewegt. Jener starre Block hat die weicheren Flyschsedimente verfaltet, teils auch bis zu 25 Kilometer überschoben, wie das sogenannte „Flyschfenster" von Windischgarsten in Erinnerung ruft – hochgeschuppt an einer Reibungsfläche baut es heute den Wurbauerkogel auf. Flächenmäßig weit bedeutender als der Flysch ist jedoch die „Gosau von Windischgarsten", bei der es sich um Ablagerungen aus einem tropischen Meer des Mesozoikums handelt. Benannt sind diese Gesteine nach dem Gosautal im Salzkammergut, wo derartige Verhältnisse beschrieben wurden: „... ein in das Hochgebirge verschlagenes Stück Flachland mit allen möglichen Übergängen vom Hügelland und Mittelgebirge bis zum hochalpinen Gebiet", wie schon 1883 der Österreichische Touristen-Club in seinem „Touristen-Führer" unbewußt der erdwissenschaftlichen Grundlagen so hervorragend definiert, „überall reizend, idyllische und wildromantische Nebenthäler aussendend." Und tatsächlich, gilt es doch hier eine Menge verborgener Landschaftswunder zu entdecken. Da wären einmal die südlichen Ausläufer des Reichraminger Hintergebirges, die mit überaus einsamen Waldbergen noch in das Einzugsgebiet der Steyr herüberreichen. Etwa das unbekannte Stummerreuthmoor liegt dort in einem geneigten Hochtalboden versteckt. Dieses große Hochmoor vereinigt auf engstem Raum viele in unserer ausgeräumten Kulturlandschaft selten gewordene geomorphologische und biologische Phänomene. Kleine, mit Grauerlen gesäumte Bachschluchten durchziehen und begrenzen das Moor; später stürzen diese Wasser durch die wilde Höllgrabenschlucht zum Dambach hinunter. Zwar beherbergen noch Latschenflecken und Pfeifengraswiesen einen breiten Querschnitt durch die mitteleuropäische Hochmoorflora – noch, ist doch schon dieses einst unberührte Feuchtbiotop, dem oö. Naturschutzgesetz zum Trotz, gravierenden Entwässerungsmaßnahmen zum Opfer gefallen. Wie brutal und unverständlich wirkten doch 1983 die Plastik-Drainageröhren gegenüber der unscheinbar versteckten Blumenbinse, der steten Eigenart des „fleischfres-

Von dem Gebirge am Almsee bis in das Ennsthal zieht eine Kette von obderennsischen Alpenhütten; sie liegen an unübertrefflich schönen, aber unberühmten und sehr schwer ersteiglichen Stellen. In ihnen findet man das wahre kecke Bergleben. Auf der Alm herrscht die Schwaigerin in unbeschränkter Freiheit. Sie bewahrt und verwaltet des Bauers Viehstand, seinen größten Reichthum; verliert sie kein Stück und liefert sie genug Butter, so läßt er sie thun, was sie will. Die schönste Schwaigerin ist die glücklichste – wie natürlich. Die schönsten und reichsten Buben steigen aus dem Thale zu ihr herauf. Heute erfreut sie sich des Jägers, der von seinen Streifereien und Wachten in ihren Armen ausruht, morgen öffnet sie seinem geborenen Feinde, dem Wildschützen spät Abends noch die Thüre. Der Wildschütz steht noch in höherer Gnade als der Jäger. Dieser ist ein Diener, jener ein Freier, – er hat das Gesetz abgeschüttelt, und die Weiber lieben die Emanzipation.

JULIUS VON DER TRAUN

Die Gameringalm vor der Kulisse des Bosrucks.

Stille Naturwunder über dem Garstnertal: Das leider schon halb zerstörte Stummerreuthmoor bei Rosenau.
Rechte Seite: Brunnsteinersee am Fuß der Roten Wand (Wurzer Alm).

senden" Sonnentaus oder dem weißschopfigen Glanz der Wollgräser!
Wandervögel, Naturliebhaber und Bergfexe lassen sich besonders von unberührten Naturlandschaften gefangennehmen; harmonische Kulturlandschaften vermögen manchmal einen Zauber zu vermitteln, der von etwas anderer, aber nicht unbedingt minderer Qualität ist. Der dämmrige Fraitgraben zwischen Rosenau und Windischgarsten ist mit seinen letzten Mühlen solch ein übersehenes Nebental, wie geschaffen für eine idyllische Wanderung in die Vergangenheit. Auch die Heckenlandschaften am Schweizersberg bei Roßleithen oder in Oberweng sind eigentlich schon Relikte aus vergangenen Zeiten, wenn man an die ausgeräumten Intensivproduktionsflächen der Agrarindustrie denkt. Mit ihrem ganzen Reichtum an Landschaftselementen läßt sich hier im „verschlagenen Stück Flachland" die ehemals so typisch bäuerliche Kulturlandschaft des Hügellandes noch vorstellen. Gut daran tun die Roßleithner, ihre Heimat nicht den Golfplatzbefürwortern anzuvertrauen. Jeder schöne Fleck Landschaft braucht wirklich nicht der Tourismusindustrie geopfert werden.

Ein romantischer Wasserfall erfreut unser Herz.

Gerade mehr eine Ahnung vom harten Bergbauernalltag tut sich hinten im Rettenbachtal oder beim Koppen auf, besonders natürlich beim Aufsteigen zu den alten Gehöften oder den verschlafenen Almen der Sengsengebirgs-Südseite.

Ganz anders, aufsehenerregender und gewaltiger als die sanfte Zärtlichkeit der Koppenalm, der Bärenriedlau oder der Gireralm imponiert auf der gegenüberliegenden Talseite eine bedeutsame Karsterscheinung: der Pießling-Ursprung, immerhin die größte Karstquelle Oberösterreichs und eine der größten in den gesamten Ostalpen. Auf dem Plateau des Warscheneckstocks versickern Niederschläge auf einer Fläche von 94 Quadratkilometern in unzähligen Spalten, Schlünden, Fugen und Klüften des Kalkgesteins; Wasser sammelt sich, wie schon bei der jungen Teichl beobachtet, in unterirdischen Hohlräumen und tritt am Bergfuß in Großquellen wieder zutage. Die ganze Nordabdachung des Warschenecks zeigt sich durch breite Kare und Trogtäler gut gegliedert. In einem solchen eiszeitlichen Trogtal, unter den überhängenden Ursprungmauern, liegt nun unser tosendes Prachtstück. Aus dem blaugrünen Quelltopf, der nicht etwa nur 32 Meter tief ist, wie oft fälschlich angegeben wird, sondern eine relative Höhe von satten 50 Metern besitzt, strömen Wassermassen, die im Sommer den Wasserbedarf von 700.000 Menschen decken könnten. In Wirklichkeit ist der Quelltopf ja noch tiefer: Durch seine Schrägstellung erreicht er eigentlich als Wasserkanal eine tatsächliche Länge von 80 Metern, für Taucher jedenfalls ein gefährlicher Schlund. In jeder Sekunde werden 250 bis 300 Liter Wasser durch ihn emporgepreßt, nach der Schneeschmelze sogar 1600 bis 2000 Liter.

Am nordwestlichen Zipfel der Windischgarstner Beckenlandschaft mündet der Pießlingbach dann in die grüne Teichl, die eingeklemmt zwischen den südlichen Vorbergen des Sengsengebirges und denen des Toten Gebirges unentwegt, bald gemeinsam mit dem glasklaren Hinteren Rettenbach, ihrer Vereinigung mit der Steyr entgegenrauscht. Ähnlich wie diese windet sich die Teichl durch tiefe Konglomeratschluchten. Extreme Bodenbedingungen in den Wandnischen und ein luftfeuchtes Kleinklima ermöglichen in dieser wildromantischen Urlandschaft ein enges Nebeneinander von Pflanzengesellschaften der Bachaustufe und der Schluchtwäler mit Florenelementen des Hochgebirges, den sogenannten Alpenschwemmlingen, die mit dem Wasser hierher wandern

Ein „Ritt" auf den Wellen der Teichl bringt uns in eine Traumwelt aus Wasser, Wänden und Vegetation. Noch besitzen wir sie!

konnten. „In der Tiefe des Flußbettes stehend erinnert nichts an das Atomzeitalter, wie eh und je rauschen und gluckern die Wellen talab, ohne sich um die Zeitläufte zu kümmern", schreiben Wolfgang Heitzmann und Otto Harant. Und weiter: „Nur einige Male am Tag surrt die Bahn durch das Tal, ein menschenfreundliches Verkehrsmittel auf landschaftsgerechter Trasse und ohne Gestank und Lärm."
Wer die Ursprünglichkeit und Schönheit in den Schluchten erlebt hat, wer in diesen Tälern jemals in die stille Harmonie aus Wiesen, Wäldern und Wasser hineingehört hat, kann Wehmut und Trauer wohl kaum verbergen, denn die Ruhe ist trügerisch: Eine Autobahn soll in absehbarer Zeit hereinbrechen, wo sich jetzt noch breite Wiesen erstrecken.
Alois Brandstetter ironisiert dazu: „Es war vom gesamteuropäischen Verkehrskonzept die Rede, das diese Autobahn angeblich erzwingt, und die Argumente ehrgeiziger Politiker und Technokraten schienen manchen so schwerwiegend und eindrucksvoll wie die großen Baumaschinen, die jetzt den Ton angeben und dem Land den Stempel aufdrücken."
Wie lange noch?

Wunde Landschaft und Landschaftswunder – Vom Stausee zum Durchbruch

Als „wohl das schwerste Opfer auf dem Altar des Götzen Wirtschaftswachstum, das wir in Oberösterreich bisher zu bringen gezwungen wurden", bezeichnete Botanikprofessor Robert Krisai 1974 den Kraftwerksbau in Klaus. Heute zum Tummelplatz für Freizeitnomaden hochgejubelt – als ob wir im Steyrtal keine sanfteren und weit schöneren Möglichkeiten für Aktivurlaub und Naturerlebnis hätten –, wird allzu gern vergessen, was hier vor eineinhalb Jahrzehnten unwiederbringlich verlorengegangen ist. Im Detail war davon ja eigentlich recht wenig bekannt, als sich in Klaus schon die Betonschleuse senkte und „die Flut in die Schlagader des Cañons zurückdrängte", wie Eliot Porter in den sechziger Jahren bei einem ähnlichen Projekt in Nordamerika formulierte. „The place no one knew", schrieb er weiter: „Der Ort, den keiner kannte." Womit wir beim Kern der Sache wären; denn man liebt und schützt nur das, was man auch kennt. Und dieses „Hausgarten-Syndrom" verhindert häufig ein Engagement, solange die schädlichen Einflüsse das Leben, die Behaglichkeit oder Interessen des Individiuums nicht unmittelbar berühren. Aber zur Vorgeschichte: Die Pläne der Ennskraftwerke AG, ein gigantisches Pumpspeicherwerk in den Gemeinden Klaus, Molln und Ternberg mit Stausee, Pumpstation und Kraftwerk in Klaus, zwei Speicherseen, Kraft- und Pumpstation im Mollner Hinterland, einem Kraftwerk im Ennstal und kilometerlangen Triebwasserstollen zwischen den drei Flüssen zu errichten, wurden von einer aufgeklärten Bevölkerung schon 1969, also lange vor Hainburg, Hintergebirge und Dorfertal, als energiewirtschaftlicher, ökologischer und sozialer Unsinn entlarvt und zerschlagen. Wie froh sind wir Mollner heute, nicht mit Österreichs größtem Wasserklotz im Nacken – der Speicher Molln hätte etwa die fünffache Größe von Kaprun erreichen sollen und wäre dann mit dem Hallstättersee vergleichbar gewesen (!) – vor einer 140 Meter hohen Staumauer leben zu müssen, uns im Frühjahr und Sommer den Anblick einer meterhohen, stinkenden „Schlammkrone" entlang der 42 Kilometer langen Uferlinie ersparen zu können und an der Krummen Steyrling anstatt einer stummen Bachleiche einsame Badetümpel wie eh und je auf uns wartend zu wissen! Schließlich wurde dieses überflüssige Monsterprojekt dann reduziert auf das bestehende Laufkraftwerk in Klaus. Schlimm genug, zumindest aus ökologischer Sicht, folgte doch die Vernichtung einer urtümlichen Schluchtlandschaft, die als Rückzugsgebiet für seltene und anderswo bereits ausgestorbene Tier- und Pflanzenarten immense Bedeutung hatte. Eingestaut wurde ja der am tiefsten eingeschnittene, kaskadenreichste Abschnitt der gesamten Fließstrecke. Schon der Zusammenfluß von Teichl und Steyr wurde verändert, die immer wieder frisch geschütteten Kiesbänke mit ihrer zum Auwald (Weiden, Grauerle) überleitenden Pioniervegetation (Pestwurzflur mit Kugelblumen und Alpen-Aster) zurückgedrängt. Nach der Flußverlegung wurde wie zum Hohn eine Konglomeratwand, die letzten noch übriggebliebenen 200 Meter, am ursprünglichen Prallhang der Steyr zum Naturdenkmal erklärt. Bedingt durch die Staustufe Klaus und einige großflächige Schottergruben ist der einst so typische, intime Cañoncharakter mit seinen steil abfallenden Konglomeratbänken zwischen der Teichlmündung und Frauenstein fast vollständig verloren gegangen. Erheblichen Einfluß hat das Kraftwerk auf Geschiebeführung, Schwebstoffverhältnisse, Wassertemperatur und vor allem flußabwärts der Staumauer auf die Lebewelt des Gewässerbereichs. Der relative

Herbststimmung am Klauser Stausee.

Die Teufelskirche im Rettenbachtal.

Wasserstillstand im Staubecken verschlechtert nachhaltig die biologische Selbstreinigungskraft des Steyrflusses, eine Wanderstraße für Tiere und auch für Pflanzen – die Verbreitungseinheiten von vielen Alpenpflanzen sind ja erst mit dem Fließwasser weit ins Voralpenland hinausgeschwemmt worden – endet nunmehr vor einer unüberwindbaren Demarkationslinie aus Stahl und Beton.

Anders als Steyr, Teichl und Krumme Steyrling, die einen für Oberösterreich einzigartigen Landschaftstyp verkörpern, hat sich beispielsweise der Vordere Rettenbach durch den hellen Wettersteinkalk der Sengsengebirgsausläufer gegraben. Im Konglomeratgestein unvorstellbar, überspannt eine natürliche Felsbrücke etwa acht Meter hoch in einer Länge von 15 Metern einen Quelltümpel dieses Baches, der sich von dort aus gischtend und brausend zu Tal zwängt. Teufelskirche heißt dieser Felsendom; frei steht er über dem Bachbett, eine breite Kluft trennt ihn vom dahinter liegenden Felsabfall. Oberhalb der großen Öffnung fällt durch ein zweites, kleineres Loch Licht in den dunklen Trichter. Gemeinsam mit weiteren kolkartigen Aushöhlungen legt es die Vermutung nahe, daß der Rettenbach früher zehn bis zwölf Meter höher geflossen ist und sich erst später, beginnend vielleicht vor 150.000 bis 200.000 Jahren während der vorletzten Eiszeit, das jetzige Felsportal durch den Kalkfels geschaffen hat. Staunend stehen wir heute vor dem trotzenden Naturgebilde, unendlich lange erscheint uns Menschen besagte Zeitspanne, und doch ist sie nur sekundenkurz, was erdgeschichtliche Dimensionen anlangt.

Enge Felsmauern und stürzendes Wasser haben auf den Naturfreund beileibe selten nur geringe Faszination ausgeübt. Unweit von Teufelskirche und Teichlmündung gelegen, belohnt die Durchquerung der Weißenbachschlucht mit derart ungestümer Szenerie. Hart bis auf zwei Meter rücken die Begrenzungsfelsen manchmal zusammen, kaum bleibt dem schäumenden Wasser, besonders zur Zeit der Schneeschmelze, Platz, sich hindurchzuzwängen, das Brodeln hallt von den Wänden wider. Grusig verwitterte Dolomittürme und Felsnasen schaffen den beinahe alpin anmutenden Landschaftsrahmen. Erst dadurch wird den Latschen ermöglicht, gemeinsam mit einer Reihe von Begleitern aus der Pflanzenwelt des Hochgebirges (zum Beispiel Behaarte Alpenrose, Zwergalpenrose, Polster-Segge, Silberwurz, Felsen-Baldrian), auf 540 Meter Meereshöhe (bei der Ötzbachmündung) herunterzuwandern – Dolomitphäno-

Schotterbänke im Tal der Steyrling.

men, wie Botaniker kurz angebunden diese reizvolle Erscheinung bezeichnen. Im trockenen Bachschotter findet man hin und wieder das Alpen-Leinkraut, in Ufernähe Wolfs-Eisenhut und Fetthennen-Steinbrech, in feinen Felsspalten das Stengel-Fingerkraut. Insgesamt eine großartige, vor allem bei Nässe nicht ganz ungefährliche Talwanderung. Vom Heindlbodenweg aus, so heißt die Steiganlage durch die Weißenbachschlucht, lassen sich weiters überaus eindrucksvolle Touren in die einsamen Täler der Toten-Gebirgs-Abdachung unternehmen. Jäh stürzt der Plateaurand im Norden gegen die waldreichen Talschlüsse (Hungerau, Weißenbach und andere) des Steyrlinger Hinterlandes ab und begrenzt diese unbezeichneten Routen. Eine Begehung der wilden Ötzbachklamm ist hier wohl das abenteuerlichste Unterfangen, kaum ein Sonnenstrahl fällt in die oft nur einen Meter breite Schlucht.

Weniger extrem, aber landschaftlich sehr schön und erlebnisreich ist das Tal der Steyrling. Ausgedehnte Schotterbänke in der Bernerau und im Brunnental locken zum Picknicken und Sonnenbaden, Kinder bauen und stauen ohne Ende, wohlgemerkt nur bis zum nächsten

Regenwetter. Hier hat man einem Gebirgsbach noch Raum gelassen, sein Geschiebematerial immer wieder aufs neue abzulagern, auch um bei Hochwasser nicht ausbrechen zu müssen. Spezialisierte Pflanzenarten haben sich auf die laufenden Veränderungen im Bachbett eingestellt und sind auf solche ökologischen Sonderstandorte angewiesen. Gegen das Steyrtal zu werden die eisgrünen Tümpel der Steyrling dann von den Konglomeratbänken der Niederterrasse zusammengehalten. Manchmal unterhöhlt und überhängend, meist aber üppig bewachsen, prägen sie die Mini-Schlucht bis zu ihrer Mündung. Hie und da bilden die Baumkronen von Ulmen, Eschen und Weiden, mitunter auch von Ahornbäumen und Sommerlinden, sogar ein geschlossenes Blätterdach – „Amazonas-Erlebnissen" mit der Luftmatratze sind Tür und Tor geöffnet; nur die Krokodile fehlen.

Nicht mehr im Flußgebiet der Steyr, aber überaus lohnend am Rande des Toten Gebirges ist ein Besuch der beiden Ödseen. Zwei tiefgrüne, glasklare Wasserflächen in einer sanften Waldidylle erzeugen dort das Ambiente von Ruhe und Beschaulichkeit – wie notwendig sind solche Orte in unserer kurzlebigen Zeit!

Südlich der Enge von Klaus, etwa auf Höhe der Steyrling-Mündung in den Klauser See, bilden der Kremsmauerzug und das Sengsengebirge beiderseits des Steyrtals eine breite Stirn aus massigem Wettersteinkalk (benannt nach dem Wettersteingebirge in Tirol). Scheinbar überdimensioniert und von Rinnen zerfurcht überragen Kremsmauer und die westlich des Törls anschließende Falkenmauer im Süden die Beckenlandschaft des Kremstales. Von der oberen Krems bei Micheldorf führt ohne merklichen Anstieg eine Talverbindung, der auch die Bundesstraße folgt, herüber ins Steyrtal. Genau in diesem Talbecken liegt auf knapp 500 Metern Meereshöhe die Wasserscheide zwischen den beiden Flüssen. Die Gletscher von mindestens drei Eiszeiten (Günz-, Mindel- und Rißeiszeit) sind noch über diese jetzige Talwasserscheide bei der Ortschaft Schön hinweggegangen, was anhand von Moränenablagerungen beiderseits des Kremstales nachgewiesen werden konnte. Nur die Gletscher der Würmeiszeit endeten, wie schon erwähnt, viel weiter im Süden.

Ungefähr zwei Kilometer nördlich von Frauenstein liegt das kleine Kraftwerk Steyrdurchbruch, nach der Jahrhundertwende im „Jugendstil" nach Plänen des Architekten Mauriz Balzarek gebaut, benannt nach dem berühmten Durchbruch des Steyrflusses im Dolomitgestein. Seine Staumauern sind noch im festen Fels verankert, obwohl östlich davon bereits ein ebenes Schotterfeld anschließt, das eine alte Talrinne auffüllt, die neben der heutigen Schluchtstrecke verläuft. Die Auffüllung dieser Rinne mit Schottermaterial der letzten Eiszeit hat es dann dem Fluß ermöglicht, sich in den festen Fels einzutiefen. Daher spricht man hier von einem epigenetischen Durchbruch, was also bedeutet, daß sich der Fluß von oben her in den mit Schotter überdeckten Fels eingeschnitten hat.

Mehrmals bereits wurde nun das Sengsengebirge schon erwähnt, ohne dem Zauber auch wirklich nachzuspüren, der jeden Menschen einfängt, wenn er diesen „Traum aus Einsamkeit und Romantik" einmal für sich entdeckt hat. Dies soll trotzdem versucht werden, zwar mit einem gewissen Unbehagen und dem Bewußtsein, daß ein paar Zeilen nur ein Stückwerk bleiben können, ließe sich doch ein ganzes Buch – und mehr – erzählen.

Knapp 20 Kilometer lang erstreckt sich das Sengsengebirge als recht einheitlicher Kamm zwischen der Steyr im Westen und der Krummen Steyrling im Osten. Nur im zentralen Teil verliert er zwischen Schneeberg und Hohem Nock seinen gratartigen Charakter und verbreitert sich zu einem durch riesige Dolinenmulden gegliederten Plateau. Nach Norden bricht die

Das völlig unberührte östliche Sengsengebirge, ein Herzstück des geplanten Nationalparks.

verkarstete Gipfelreihe in teils jähen Wandfluchten steil ab, während die Südabdachung durchwegs sanfter modelliert gegen das Teichltal abfällt. Für eine Fülle seltener und bedrohter Organismen stellt das Sengsengebirge ein Refugium ersten Ranges dar – kaum will es gelingen, eine von den in Oberösterreich vollkommen geschützten Pflanzen zu nennen, die nicht hier vorkommt. Zu Recht ist also das Sengsengebirge mit einer Fläche von 34 Quadratkilometern das bislang größte Naturschutzgebiet im Land ob der Enns. Manchmal kreist hier sogar der Steinadler hoch über der alpinen Wildnis, Schneehühner hausen in den ausgedehnten Latschendickichten.

Urige Gestalten hausten gleichwohl immer auch in den Almhütten der lieblichen Feichtau. Was wird nicht etwa vom sagenhaften „Tortenkönig" alles erzählt! Und wie viele Erinnerungen ranken sich allein um die heimeligen Hütten im Herzstück unseres Gebirges! Auf diesem selten schönen Almplateau sind jedenfalls landschaftliche Kleinode verborgen, die ihresgleichen suchen. Wetterzerzauste Fichten und vermodernde Baumriesen schenken noch einen Hauch von Urwalderlebnis, auch wenn

Die Feichtauhütte.

durch Waldweide, vor allem aber Wildverbiß, der Jungwuchs allzu massiv dezimiert wird. Oder die beiden Prachtstücke von Seen, die brennheiße Hochsommertage so erträglich machen. Zweifelsohne ist die Feichtau für uns, die wir immer wieder in die Höhe steigen, so etwas wie eine Bergheimat geworden, unvergessen und anziehend zugleich. Daß rundherum auch an diesem Ökosystem genagt wird, braucht dem aufmerksamen Wanderer nicht extra aufgezeigt werden. Am Spering, dem westlichen Eckpfeiler des Gebirges, wurde erst in den letzten Jahren eine umstrittene Richtfunkstation gebaut, und das innerhalb der Schutzgebietsgrenze. Als „Draufgabe" wurde für eine unnötige Zufahrtsstraße – hätte der Materialtransport etwa nicht mit dem Hubschrauber erfolgen können? – mit schweren Geschützen die Pflanzendecke aufgerissen. Apropos Geschütze: Nicht gerade umweltfreundlich und sparsam werden die Schießübungen des Bundesheeres in der Hopfing abgehalten, auch über Erweiterungen des Truppenübungsplatzes Richtung Feichtau hinauf wird gemunkelt ...
Noch dröhnt Kanonendonner nur leise, wenn in der Feichtau die Seele baumelt; Forststraßen sind einmal nicht in Sichtweite, wenn alle Sinne offen stehen für diese herrliche Symbiose aus Farben, Formen und Linien, aus Wald, Wasser und Luft. Hoffentlich auch noch in hundert Jahren!

(Un)entdeckter Zauber – Die mittlere Steyrschlucht

Schon seit Jahren bemühen sich zahlreiche Vereine und Institutionen, allen voran der Alpenverein, mit einem detailliert begründeten, 70seitigen Schutzantrag, um die Unterschutzstellung der letzten naturbelassenen Schluchtkilometer der Steyr. Nicht nur erdgeschichtlich, wie schon mehrfach angedeutet, und ökologisch sind die Voraussetzungen dafür absolut gegeben, auch Erholungs- und Erlebniswert, Ursprünglichkeit und Schönheit des Steyrcañons zwischen Steyrdurchbruch und der Haunoldmühle bei Obergrünburg unterstreichen die Eignung als Naturschutzgebiet. Schmale Auwald- (Weiden, Grauerle) und Pioniergesellschaften (Pestwurzflur, Flußröhricht) in Ufernähe, frische Schluchtwälder (Bergahorn, Eschenwald mit Fichte, Buche und Bergulme) im Unterhang- und trockene Föhrenwälder (Schneeheide, Kiefernwald) im Oberhangbereich und auf der Schluchtoberkante charakterisieren gemeinsam mit Fels- und Schuttfluren in den Nischen der Steilwände und Kalkrasengesellschaften auf breiteren Bandstellen das so außergewöhnliche Vegetationsmuster. Trotz Abwassereinleitungen, Mülldeponien und einiger Stauräume zählt die Steyr auch heute noch zu den saubersten Flüssen Europas. In Österreich ist sie der einzige Fluß, der vom Ursprung bis zur Mündung Trinkwasserqualität (Güteklasse I) aufweist. Eine ungewöhnliche Vielzahl von

Solche Konglomeratwände begleiten die Steyr durch ihre Schluchten im Mittellauf.

Illustre Gäste an der Steyr: Graureiher, Eisvogel und Uhu.

Alpenschwemmlingen kommt hier in einer Höhenlage unter 400 Metern vor: „Petergstamm" (Aurikel), „Jagerblut" (Clusius' Primel), Blaugrüner Steinbrech, Behaarte Alpenrose und Zwergalpenrose sind solche botanische „Schmankerl". Flußregenpfeifer, Wasseramsel, Graureiher und Schwarzstorch, der stahlblaue Eisvogel und auch der dämmerungsaktive Uhu gehören, um nur einige ganz seltene und gefährdete Vogelarten zu nennen, zur reichhaltigen Tierwelt dieser wildromantischen Naturlandschaft. Wer diese Lebensader aber mit dem ganzen Zauber der ihr eigenen, unverwechselbaren Ursprünglichkeit erleben will, der muß hinabsteigen in die Schlucht, dem bleibt nichts anderes übrig, als einzutauchen – auch im buchstäblichen Sinne – in diese Welt der unverbrauchten Elemente. Eine Bootsfahrt, auch mit dem Schlauchboot, erschließt beinahe „kanadische" Erlebnisse. (Aber Vorsicht, es handelt sich um eine Wildwasserstrecke!) Eine Welt für sich tut sich auf: schäumende Stromschnellen, smaragdgrüne Kehrwassertümpel,

sonderbare „Pilzfelsen“ und glänzende Fischleiber, die sich unter ihnen verstecken, eingefaßt in einem fremdartigen Landschaftsrahmen. Nur einmal holt einen die Realität ein: Vor dem „Mollner Schwall“ nahe der talüberspannenden Stefaniebrücke glotzt der häßlich sich ausbreitende Steinbruch vom Gaisberg herunter. Dafür belohnt bald die wohl schönste Stelle der Steyrschlucht, die Mündung der Krummen Steyrling. Ökologisch hochinteressant ist hier am zweitwichtigsten Nebenfluß der Steyr die Tatsache, daß entgegen aktueller anderslautender Verbreitungsangaben ein Fischotter-Nachweis erbracht werden konnte. Obwohl lange Jahre so wie Bär, Luchs und Wolf verkannt, verfemt und rücksichtslos verfolgt, konnte der Fischotter in wenigen intakten Lebensräumen überdauern. Noch um die Jahrhundertwende waren die Steyr und Enns herausragende Otterflüsse, heute hingegen dürfte der Fundpunkt an der Krummen Steyrling das einzige südlich der Donau gelegene Vorkommen des Fischotters in Oberösterreich darstellen.

Zur rechten Zeit nach dem kalten Flußwasser laden paradiesische Sandbänke zur Rast, herrliche Badeplätze liegen vor allem steyrlingauf-

Die Welt der Insekten – Vielfalt im Kleinen!

wärts versteckt – seine Eva muß jeder Adam aber selber mitbringen und umgekehrt.
Allerdings könnte dieses Badeparadies durch Nitrit-, Ammoniak- und Phosphateinleitungen eines Fischzuchtunternehmens wegen zunehmenden Algenwachstums bald der Vergangenheit angehören. So wird der Nitritrichtwert für Forellengewässer derzeit um das 5fache überschritten, der für Trinkwasser von der Weltgesundheitsorganisation (WHO) empfohlene Ammoniakwert sogar um das 7fache . . . kurz: Der Handlungsbedarf schreit zum Himmel!
Genau im unverbauten Eck zwischen Krummer Steyrling und Steyr hing an der Schluchtkante eine alte, im Laufe der achtziger Jahre dürr gewordene und schließlich herabgestürzte Kiefer hoch über dem Abgrund. Dort oben wartet eingebettet in einen sonnendurchfluteten Kiefernwald vielleicht der romantischste Fleck des Mollner Beckens. Einheimische und Pfadfinder wissen um den Steig, der in fünf Minuten von der Mündung durch die Schluchtwand hinaufführt. Weiter talabwärts hätte dieser Wald, der Aigner-Schacher, mitsamt der Schluchtlandschaft nach den Plänen desselben Unternehmens und mancher Politiker einer riesigen Schottergrube weichen sollen. Couragierte Menschen gab es indes genug, um diese „Jahrhundert-Schande" zu vereiteln. Bisher zumindest, denn noch ist der Kampf leider nicht ausgestanden.
Ähnlich, wie die mittlere Steyrschlucht das Herzstück im ganzen Steyrtal verkörpert, gilt hier wiederum die sogenannte „Rinnende Mauer" als Juwel, das es in seiner Einzigartigkeit zu entdecken heißt. Möglich ist dies sowohl zu Fuß, als auch per Boot. Zwei Kilometer unterhalb der Steyrling-Mündung, gegenüber einer Insel unter weit überhängenden Konglomeratbänken verborgen, wäre dieses zauberhafte Schauspiel gleich zu Beginn des Schotterabbaus auf immer und ewig vernichtet worden. An sich handelt es sich bei der Rinnenden Mauer lediglich um einen Quellaustritt des angestauten Grund- und Hangwassers in einer Höhe von etwa fünf bis sieben Metern über dem Flußniveau. Jedoch überzieht eine prächtige Quellflur wie ein grüner Teppich die ansonsten ausschließlich sonnentrocken gewohnte Konglomeratwand. Diese Kalkquelltuffgesellschaft wird vor allem von zierlichen Moosen gebildet, aber auch Sumpfdotterblume, Rundblättriger Steinbrech und das Bittere Schaumkraut beteiligen sich am Gesellschaftsaufbau. Nicht von ungefähr ist dieses Kleinod sondergleichen damals zum Symbol geworden, zum Symbol gegen rücksichtslose Ausbeutung eines letzten Landschaftsparadieses.
„Sehr gebirgig, mitunter unwirthbar, aber auch öfters mit fruchtbaren Ebenen abwechselnd", urteilte Benedikt Pillwein 1828 über die Gegend um Molln und Leonstein. „Unwirthbar" ist es kaum irgendwo geblieben, höchstens noch in den hintersten Talschluchten, die dafür einsame Streifzüge durch die Natur gestatten. Wer kennt zum Beispiel die Eiskapelle am Steyreck, die ausgewaschenen „Gletschermühlen" im Bodinggraben oder das längst verlassene Braunsteinbergwerk im Eselgraben, wer weiß um das „bacherlwarme" Wasser der Krummen Steyr-

Es gibt sie noch – die wunderschönen Schmetterlinge …

… und Libellen.

ling beim „Eisernen Herrgott" oder die Wasserrutschen unweit vom Steyrsteg? Wer ein bißchen Mühe nicht scheut, dem sei gerade an dieser Stelle auch das Reichraminger Hintergebirge ans Herz gelegt – ein riesiges Naturparadies, lange vergessen zwischen Sengsengebirge und Ennstal und gerade deshalb so wertvoll. „Unwirthbar" aber kann's im mittleren Steyrtal für betroffene Anwohner einmal recht schnell wieder werden, sollten die Manager der Energiewirtschaft ernst machen und ihre geplante 380-KV-Leitung durchziehen. Von Ernsthofen entlang der Steyr und Teichl bis in die Steiermark würde diese neue Stromschiene, vor allem wenn nicht die bestehende Trasse der 220-KV-Leitung benutzt werden sollte, nicht nur das Landschaftsbild empfindlich stören, sondern durch die Abgabe elektromagnetischer Strahlung möglicherweise auch Gesundheit und Wohlbefinden beeinträchtigen.

Im Frühjahr wird das hübsche Mollner Tal wegen der letzten Narzissen- und Enzianwiesen gern besucht, schon im März verkünden Unmengen von weiß oder lila blühenden Krokuspflanzen etwa im Weittal den ersehnten Frühlingsanfang, im Hochsommer erfreuen dann manche Wiesen in blumenbunter Farbenpracht, die wohl anderswo schon lange durch ein sattes Giftgrün – getrimmt auf maximalen Ertrag – ersetzt worden wäre. Pfleglicher Umgang mit der Kulturlandschaft müßte heutzutage eigentlich schon selbstverständlich sein, sollte man meinen.

Im Norden wird der Talkessel von Molln durch den Kamm von Gaisberg und Schoberstein begrenzt, die teils mit recht wild zerklüfteten Kalkmauern abfallen. Wollte man deren Felssporne, die steilen Schuttkare und das „Steinerne Tor" auf eigene Faust entdecken, wären Trittsicherheit und Orientierungssinn unbedingt vonnöten. Für allfällige Schweißausbrüche belohnen die steinernen Naturgebilde – ebenso wie die Teufelskirche sind sie im Wettersteinkalk ausgebildet – mit einem Hauch von unbesiegbarer Ursprünglichkeit. In den ungestörten Gaisberg-Höhlen verbringen oft verkannte, aber umso nützlichere Tiere, die Fledermäuse, ihre Ruhezeit; tief in die Hufmannmauern zurückgezogen, beispielsweise die Kleine Bartfledermaus und das Braune Langohr.

Einen imposanten Rundblick vom Gaisberg über das Sengsengebirge bis hinunter zum Steyrdurchbruch bieten die Planwiesen, ein wanderbares, eigentlich recht unbekanntes

In der Mollner Steyrschlucht: An der Mündung der Krummen Steyrling (oben); rechts die einzigartige „Rinnende Mauer", ein Naturwunder ersten Ranges.

Naturschutzgebiet im mittleren Steyrtal. Schon die Weidewiesen am Ausgangspunkt, dem Hambaum westlich der Ortschaft Leonstein, überraschen mit einer bunten Schmetterlingsfauna (Segelfalter, Schwalbenschwanz, Zitronenfalter, Waldportier, Damenbrett, Admiral u. a.), die erst erkennen läßt, wie armselig unsere Mähwiesen im Tal geworden sind, überdüngt und rar an nektarspendenden Blüten. Die Planwiesen selbst sind bis zu 60 Grad steile, südostexponierte Hänge, die früher extensiv bewirtschaftet wurden und eine äußerst interessante Trockenflora (z. B. Graues Sonnenröschen, Graslilie, Klebriger Lein, Karthäuser-Nelke, Berg-Lauch, Salbei, Laserkraut, Schwalbenwurz, Kleine Wiesenraute, Gefranster Enzian, Roßkümmel u. a.) mit stellenweiser Vernässung über Kalk zeigen. Die waldfreien Flächen wachsen leider immer mehr zu, sollten aber, um die typische Artengarnitur nicht zu gefährden, unbedingt durch gelegentliche Mahd oder Beweidung offen gehalten werden.

Ein durchaus interessanter Seitenbach mündet beim Kinderheim Leonstein linksufrig in die Steyr. Eigentlich ist schon seine Namensgebung sonderbar. Erst aus dem Rinnerberger Bach,

dem Heindlmühl- und dem Pernzellerbach, der in einer den Alpennordrand markierenden Talwasserscheide entspringt, wird nach deren Zusammenfluß besagter Schmiedleithnerbach, der später tief eingeschnitten die Steyr erreicht. In historischer Zeit hauptsächlich wegen einer Reihe von Mühlen, Brettersägen und Sensenschmieden bedeutsam, die seine Ufer säumten, wird heute eher der eigenartigen Waldschlucht des Rinnerberger Baches zugunsten dieses Voralpental aufgesucht: „Schmale Klammstellen, ein tosender Wasserfall, Gefällestufen mit stürzendem und stäubendem Wasser in steilen Waldflanken wechseln mit murmelnden Flachstrecken, und uralte Reste von Bergstürzen lassen rasch die gezähmte Landschaft vergessen, aus der man eben erst gekommen ist", schwärmen Heitzmann und Harant. In der Tat hätte man derart ungestüme Wildheit hier nicht vermutet. In der engen Klamm durchbricht der Rinnerberger Bach harte, quer verlaufende Juraschollen und stürzt, nach 300 Metern bezaubernder Bachstrecke in weichen Mergelschichten wieder auf Jurakalk treffend, als gischtender Wasserfall 15 Meter herab, um dann in felsiger Schlucht über steile Schnellen und kleinere Fälle dem sanften Heindlmühlbach entgegenzueilen. Auf den Steilhängen stocken charakteristische Schluchtwälder, die leider mehr und mehr durch Kahlschläge und monotone Fichtenaufforstungen verdrängt werden. Die Schluchtvegetation wird durch das Auftreten des dunkelgrünen Hirschzungenfarns, der Silberblatt-Herden und des über einen Meter hohen Wald-Geißbarts zwischen den Edellaubhölzern Bergahorn, Esche, Ulme und Buche gekennzeichnet. Als kleine Besonderheit unterhalb der 600-Meter-Höhenlinie überrascht die violettblaue Alpen-Waldrebe, die am Rinnerberger Bach vielleicht sogar ihr nördlichstes Vorkommen in unserem Bundesland erreicht. „Hier leben Wasserspitzmaus und Bisamratte, die Ringelnatter jagt nach Amphibien, und sogar die schon seltene Äskulapnatter kommt in den steilen Waldflanken noch häufig vor. Libellen schwirren über große Pestwurzblätter, zwischen denen gelb-schwarze Feuersalamander genug Schatten für ihre feuchte, drüsenreiche Haut finden." Auf alle Fälle ein Geheimtip für den Sonntagnachmittag.

Zwischen Flyschhügeln und Terrassenschottern zur Styraburg – Die untere Steyr

Das 915 Quadratkilometer große Einzugsgebiet der Steyr erstreckt sich über drei geologische Einheiten: die nördlichen Kalkalpen, die Flyschzone und die Molassezone. Den größten Anteil haben bei weitem die erstgenannten Kalkalpen (Kalk- und Dolomitberge), deren Nordrand bei Obergrünburg von der Steyr überschritten wird. Die geologische Trennlinie zieht durch den Schmiedleithengraben an den Nordfuß des Landsberges und taucht an der Steyr unter die Schottermassen der Obergrünburger Hochterrasse. Deutlich markieren östlich der Steyr die waldreichen Rücken von Rieserberg, Kruckenbrettl und Herndleck die Grenze zu den südlich anschließenden Kalkalpen, die mit dem Gaisberg-Schobersteinzug erstmals oder letztmals, je nachdem, woher man kommt, schroffe Aufragungen stellen. Entsprechend der Entwässerungsrichtung aller Bäche zur Steyr hin, erstrecken sich die weichen Hügelketten der Flyschzone in west-östlicher Richtung. Nur südlich des Hochhubs bestimmen steilere Flanken das Landschaftsbild. Einen hervorragenden Überblick über die unterschiedliche Oberflächenformung dieser geologischen Zonen vermittelt eine Wanderung auf den Landsberg, richtiger gesagt eigentlich auf die ihm nördlich vorgelagerte Tempelmauer, zwischen Leonstein

Naturdenkmal Rinnerberger Klamm.

Obergrünburg an der Steyr mit Blick auf das Sengsengebirge.

und Obergrünburg. Von dem scharfen, mit einer trockenheitsliebenden Flora (z. B. Hauswurz und Wacholder) bewachsenen Dolomitfelsgrat streicht der Blick weit über die sanftwellige Kulturlandschaft im Norden. Direkt zu Füßen breiten sich die Obstgärten der Pernzell aus. Sie binden Gebäude in die Landschaft ein, gemeinsam mit Feldgehölzen, Feuchtgebieten, Hecken und Ufergehölzstreifen bereichern sie das bäuerliche Kulturland, schaffen Erlebniszonen für Kinder und machen Heimat unverwechselbar. Ein ökologisch stabilisierender Grundraster entsteht daraus und überzieht die Voralpenlandschaft. Jeder Quadratkilometer der Gemeinde Grünburg beispielsweise wird im Durchschnitt von einer 150 Meter langen Feldhecke und einem 820 Meter langen Bachsystem mit Uferstreifen durchzogen. Hingegen kommen, nur um im Vergleich den enormen Platzanspruch des Straßenverkehrs aufzuzeigen, auf einen Quadratkilometer im Landesdurchschnitt bereits 2.600 Meter Straßen. Während diese Zahl ständig weiter wächst, werden strukturierende Landschaftselemente gleichlaufend immer weniger. Am Beispiel des Harbachs, einer solchen Ökoinsel, die den

Ein Tal zum Träumen: Die Breitenau bei Molln mit der Krummen Steyrling.

Grenzverlauf zwischen Grünburg und Waldneukirchen bildet, soll diese Entwicklung kurz geschildert werden: In früheren Zeiten auch in sommerlichen Trockenphasen ein Bach mit relativ konstanter Wasserführung, die den Erhalt der Selbstreinigungskraft des Fließgewässers gewährleistete, sind heute Drainagen, die eine schnelle Wasserableitung verursachen, und Quellfassungen der Grund für eine oftmals beobachtbare weitgehende Austrocknung. Trotzdem sind mit insgesamt 9,5 Kilometern beidseitig begleitenden Ufergehölzstreifen selbst im Siedlungsgebiet von Untergrünburg die Uferstreifen zum Großteil erhalten geblieben, auch wenn sie oft nur eine schmale Pufferzone bilden. Im Bereich des Altersheims stabilisiert ein sehr artenreicher Laubmischwald (Schluchtwald-Charakter mit Bergahorn, Esche, Bergulme, u. a. Edellaubhölzern) mit einer üppigen Strauch- und Krautschicht (Wald-Geißbart aspektbestimmend) in unmittelbarer Nähe des Ortskerns einen naturnahen Lebensraum für die Tierwelt, insbesondere für die Vogel- und Amphibienfauna. Der Harbach – hier tief eingegraben – überwindet mäandrierend innerhalb einer Entfernung von 240 Metern eine

Ein Dach überm Kopf – für Alltag und Freizeit: Links die Grünburger Hütte am Hochbuchberg, daneben die Schobersteinhütte und das Rohrauer Haus am Pyhrgas; rechts ein typischer Steyrtaler Bauernhof, der Hochstoaner in Molln.

Höhendifferenz von 18 Metern. Als absolute Besonderheit muß aber wohl das Vorkommen des Flußkrebses gewertet werden. In der Umgebung lange nicht mehr aufgefallen, vermutlich ausgerottet oder verdrängt, hat er im Harbach eine Zufluchts- und Überlebensstätte gefunden. Eine weitere Beschneidung dieses Lebensraumes dürfte schon besiegelt sein: Eine Umfahrungsstraße, deren Notwendigkeit außer Zweifel scheint, soll in diese grüne Oase eindringen, mit einem Tunnelportal als Quelle von Lärm und Abgasen in dichtbesiedeltem Wohngebiet, obwohl es möglich wäre, die Untertunnelung Grünburgs ohne Zerstörung wertvoller Naturräume schon außerhalb des Ortskerns beginnen zu lassen. Den Anrainern bliebe außer einer starken Lärm- und Abgasbelastung auch die ästhetische Verarmung ihres Lebensraumes als nicht meßbares, dafür aber umso wesentlicheres Umweltleid erspart.

Rechtsufrig der Steyr eine vorbildliche Gemeinde, als Ganzes eigentlich fast schon ein agrarökologisches Relikt. Als erste Gemeinde in der Umgebung macht es Steinbach an der Steyr vor, wie Dorferneuerung funktionieren kann. Noch vor einigen Jahren ein sterbender Ort, streben

WENN ICH IM GRASE LIEGE

Wenn ich im Grase liege
Auf weicher Muttererde,
Dann fühl' ich wie Umarmen
Ein leichtes Niederziehn,
Als sollt' ich tiefer sinken
Und ganz zu Erde werden,
Die mich, den Erdgeborenen,
Heimholt in ihre Ruh'.

Wenn ich im Grase liege
Auf weicher Muttererde
Und über mir die Wolken
In ferne Bläue ziehn,
Dann fliegt der Seele Heimweh
Auf lichtgeweihten Schwingen
Hoch über alle Wolken
Auf, höhenwärts, ins Licht.

OTTO JUNGMAIR, Ehrenbürger von Molln, 1889–1974, Dichter und Stifter-Forscher

die Steinbacher nun einer neuen Blüte entgegen. Südlich von Untergrünburg, wo nicht einmal mehr die Museumsbahn tuckert, erinnern im mittleren Steyrtal manchmal noch buntsprießende Pflanzengemeinschaften auf Überresten des Bahndamms an die romantische Steyrtalbahn. Sollte entlang der aufgelassenen Strecke wie geplant ein Radweg angelegt werden, könnte ein streifenförmiger Biotopsaum hergestellt werden und im Laufe der Zeit, zumal die Belastungen, wie sie an Straßen auftreten, hier nicht zum Tragen kommen, ökologische Bedeutung erlangen. Aus der Sicht des Naturschutzes und aus pädagogischen Gründen (Möglichkeit für Naturerlebnisse, Umwelterziehung, sanften Tourismus...) ist dem Radwegprojekt unbedingt Vorrang vor jeder andersartigen Nutzungsform einzuräumen.
Eine unvermutet weite Aussicht von den Voralpen über das gesamte Alpenvorland bis hinüber ins Mühlviertel genießt man vom Hochhub, einem 609 Meter hohen Flyschhügel zwischen dem Steyr- und Ennstal. Mitteregg heißt die so harmonisch wirkende Umgebung. In derart ursprünglich-schöner Eigenart und landschaftlicher Vielfalt sind bäuerliche Kulturlandschaften in Oberösterreich recht selten geworden. Die vielen von Gehölzstreifen begleiteten Gräben und Bachläufe, der überaus große Obstbaumreichtum und die malerisch verstreuten Gehöfte prägen diese runde Landschaft. Hochstämmige Streuobstbestände binden die Vierkanter ein, sie vertuschen auch Bausünden und haben bioklimatische Bedeutung. Die alten Höfe sind sichtlich gewachsen in landschaftsgebundener, angepaßter Bautradition; moderne Einheitsbauten hingegen wirken oft wie hingeklotzte, banale Fremdkörper – aufdringliche Kisten, die nicht passen und nicht passen wollen. Bekannt ist das Gebiet von Mitteregg auch ob seiner guten Süßkirschen. Im Schutz der Hausmauern gedeihen südseitig Marillen, Pfirsiche und Weintrauben.

Die Steyr hat auch in ihrem Unterlauf eine sehr charakteristische, äußerst abwechslungsreiche Flußlandschaft geformt, von der sich Teile in einem relativ naturnahen Zustand befinden. Unterhalb von Grünburg ist das Flußtal zugänglicher geworden, die Wasserkraft wird mancherorts verwertet, tausende Menschen haben ein herrliches Naherholungsgebiet gefunden. Bei Pichlern, etwa elf Kilometer vor der Mündung in die Enns, tritt der Steyrfluß dann in die Molassezone ein. Der weiche, mergelig-sandige Schlier bildet hier im Alpenvorland das Hauptgestein. Die sanft nach Norden abdachenden fluvioglazialen Schotterfelder der Traun-Enns-Platte werden in diesem Bereich durch die Steyr in breite Riedelflächen gegliedert. Die Wassertiefen sind inzwischen relativ gering geworden – nicht vergleichbar mit den dunkelgrünen Tümpeln der Schluchtstrecke, die Fließgeschwindigkeit ist ebenfalls zurückgegangen. War die Fließrichtung bis Sierninghofen eine nördliche bzw. nordöstliche, entwässert die Steyr die letzten sieben Kilometer ihres Laufes in östlicher Richtung. Beim Kruglwehr, übrigens ein beliebter Badeplatz am westlichen Stadtrand von Steyr, wird rechtsufrig der erste Mühlbach abgeleitet. Weiterhin entsteht dann ein Geflecht von reizvollen Wehr- und Mühlgräben, sodaß die Steyr erst kurz vor der Mündung wieder ihr ganzes Wasser führt, immerhin 38,4 Kubikmeter pro Sekunde im Jahresmittel.
Geprägt wird der stufenförmig gegliederte Talraum der unteren Steyr durch eiszeitliche Schotterterrassen. Mit einer weitgehenden Naturbelassenheit, erstaunlicherweise sogar bis hinein in das Stadtgebiet der alten Eisenstadt, ist hier – eingefaßt von der Hochterrasse – mit der Rosenegger Au ein kleines Landschaftsparadies behütet geblieben, das Jogger, Sonnenhungrige, Radfahrer, Wanderer und Tagträumer nur allzugern aufsuchen. Ein ökologisches Paradies, welches unbedingt eines gesetzlichen Landschaftsschutzes bedürfte, um es vor zer-

störerischen Eingriffen zu schützen. Neben den außergewöhnlich artenreichen Auwäldern gibt es noch eine Anzahl kleinflächig verbreiteter Vegetationstypen, so beispielsweise an den sonnigen Rändern der Hochterrasse einen seltenen und jedenfalls schützenswerten Küchenschellentrockenrasen. In der Au selbst sind die häufigen Vorkommen von Maiglöckchen, Türkenbund und der Feuerlilie bemerkenswert. Das Wiesenrautenblättrige Muschelblümchen erreicht im Raum Steyr-Unterhimmel seine westlichste Verbreitungsgrenze. Auch unmittelbar vor den Toren der Stadt gibt es also noch Oasen für Mensch und Natur, die es wert sind, entdeckt zu werden. Sowohl ökologisch wie auch landschaftsästhetisch stellen sie unermeßliche Bereicherungen dar, in besonderem Maße bieten sie für den modernen Stadtmenschen eine unerhörte Chance, die so notwendige Beziehung zur natürlichen Umwelt, besser gesagt eigentlich zur Mit-welt, neu aufzubauen oder zu vertiefen.

Hellgrün und klar mündet die Steyr letztendlich nach 68 Kilometern als zweitgrößter Zubringer in die Enns. „… und alle Ziele wurden erreicht, und jedem folgte ein neues, und aus dem Wasser ward Dampf und stieg in den Himmel, ward Regen und stürzte aus dem Himmel herab, ward Quelle, ward Bach, ward Fluß, strebte aufs neue, floß aufs neue.“ (Hermann Hesse)

Zauberhaftes haben wir entdeckt, uns vertraut gemacht. Behüten wir diese Landschafts- und Lebensader, zeitlebens währt dafür die Verantwortung, unser aller Ver-antwort-ung.

Die Aulandschaft nahe der Eisenstadt Steyr ist ein Naherholungsgebiet von unschätzbarem Wert.

Als im Steyrtal noch Wein gebaut wurde

In bestimmten Landesteilen von Oberösterreich erinnern viele Hof-, Flur- und Ortsnamen an einen einst ausgedehnten Weinbau. Die Kultur der Weinrebe setzt heute donauabwärts erst im östlichen Niederösterreich ein und begrenzt dort zugleich den pannonischen Klima- und Pflanzenbezirk gegen Westen. In früheren Jahrhunderten dürfte das pannonische Klima mit seiner pannonisch-pontischen Pflanzen- und Tierwelt auch in Oberösterreich verbreitet gewesen sein, so daß auch der Weinbau wirtschaftlich haltbar war. Nach 1600 schob sich dann mit immer stärker werdendem Druck eine kühlere und feuchtere Klimawelle aus dem mitteleuropäischen und atlantischen Raum vor und drängte die pannonischen Floren- und Faunenelemente in den Osten zurück. Der Höchststand dieser Klimawelle wurde zwischen 1750 und 1870 erreicht; so fällt auch genau in diese Zeit der Untergang des Weinbaus in unserem Gebiet. Seither jedoch ist deutlich wieder der umgekehrte Vorgang beobachtbar.

Historischer Weinbau im Steyrtal:
Die Auflistung gibt einen Überblick über die ehemalige Verbreitung des Weinbaus im Steyrtal von den ältesten Unterlagen (Urkunden, Urbare, Handschriften, . . .) bis zu seinem Erlöschen im 19. Jahrhundert.
Weinberg (Molln/Au)
Weinberger Feld (Molln/Außerbreitenau)
Winzer (Oberschlierbach/Heindlmühle)
Weingarten bei Mair in Baumgarten (Leonstein/Schmiedleithen)
Weingarten (Obergrünburg)
Weinbergleiten (Obergründburg)
Winzerhaus (Untergrünberg)
Weinfeld (Waldneukirchen)
Weinzierl (Sierning)
Weinzierl (Steyr-Gleink)

Bedrohte Wunderwelt – Die Moore im Flußgebiet der Steyr

Edlbacher Moor: in einer Talmulde bei Windischgarsten; trotz starker anthropogener Veränderung (Regulierung, Entwässerung) wichtiger ökologischer Ausgleichsraum, der eine umweltbewußte Betreuung (Patenschaft) vertragen könnte; Rohrkolben, Sumpf-Schwertlilie, Blutwurz, Fieberklee, Breitblättriges Knabenkraut, Gemeiner Teufelsabbiß u. v. a.

Mösl im Ebenthal: im oberen Dambachtal südöstlich von Rosenau am Hengstpaß; Latschenhochmoor (Latschen stark beschnitten) mit Fichtenmoorwald und einer einzigartig zusammengesetzten Quellflur: Fetthennen-Steinbrech, Glänzende Gänsekresse, Österreichische Troddelblume, Alpen-Fettkraut, Dreigriffeliges Hornkraut u. a.

Glöckl-Teich: Naturschutzgebiet bei Roßleithen; westlich an den Teich anschließend Niedermoor mit Schilfbeständen und Sumpfwiesen (Pfeifengras): Mehl-Primel, Kelch-Simsenlilie, Echte Sumpfwurz, Sumpf-Läusekraut, Fieberklee, Rostrotes Kopfried (bisher einziges Vorkommen im Alpenvorland östlich der Traunlinie) u. a.

Mooswiesen: in Rading nordwestlich von Windischgarsten; stark verändert durch Entwässerung und einige Torfstiche; nur mehr kleine Teile naturnah (dafür hat der Moosbauer mit aller Gründlichkeit gesorgt: Beinahe diebisch gefreut, „den Naturschützern eins ausgewischt" zu haben, hat er sich noch bei einer Schitour im Frühjahr 1988, als wir zufällig aufeinandertrafen.); größtenteils Pfeifengraswiesen und Sekundär-Moorwald, Schwalbenschwanz-Enzian, Sumpf-Herzblatt, Fieberklee, Alpen-Fettkraut …

Eisboden und Vorderanger: im südöstlichen Sengsengebirge nahe der Mayralm, kleine Vernässungen, kaum Torfbildung; Vorderanger: Scheuchzers Wollgras (selten in Oberösterreich).

Feichtaumoor: am Nordabfall des Sengsengebirges im Bereich der Feichtaualm; stark gestörtes Fichtenhochmoor; Kronenlattich, Fieberklee, Scheidiges Wollgras u. a.

(Das ***Filzmoos*** bei Vorderstoder, das ***Stummerreuthmoor*** im südlichen Hintergebirge und die beiden ***Filzmöser*** im Teichlboden auf der Wurzeralm wurden schon näher beschrieben.)

Naturschutzgebiete:

Gleinkersee (14 ha / Spital am Pyhrn)
Planwiesengebiet (240 ha / Grünburg)
Brunnsteinersee-Teichlboden (780 ha / Spital am Pyhrn)
Sengsengebirge (3400 ha / Molln, Rosenau, Roßleithen, St. Pankraz)
Glöckl-Teich (4 ha / Roßleithen)
Haller Mauern (820 ha / Rosenau am Hengstpaß, Spital am Pyhrn)
Bosruck (190 ha / Spital am Pyhrn)

Naturdenkmäler (ohne Bäume):

Pießling-Ursprung (Roßleithen)
Dr.-Vogelgesang-Klamm (Spital am Pyhrn)
Konglomeratwand an der Steyr (Klaus)
Veichl-Teich (Roßleithen)
Teufelskirche (St. Pankraz)
Kreidelucke (Hinterstoder)
Eislueg (Hinterstoder)
Gamssulzenhöhle (Spital am Pyhrn)
Rettenbachhöhle (Roßleithen)
Ramesch-Knochenhöhle (Spital am Pyhrn)

Projektierte Schutzgebiete:

NSG = Naturschutzgebiet
LSG = Landschaftsschutzgebiet
NDM = Naturdenkmal
GLT = Geschützter Landschaftsteil

Landschaftsplan Steyrtal:

Steyrschlucht (NSG / Grünburg, Steinbach an der Steyr, Molln, Micheldorf)
Schlucht der Krummen Steyrling (NSG / Molln)
Kienberg (NSG / Molln)
Steyrauen bei Unterhimmel (LSG)
Mitteregg (LSG / Steinbach an der Steyr, Aschach an der Steyr, Ternberg)

Breitenau (LSG/Molln)
Reitern (LSG/Molln)
Aigner- und Zimecker-Schacher (GLT/Molln)
Rinnerberger Klamm (NDM/Grünburg, Oberschlierbach, Micheldorf)
Konglomeratschlucht bei Grünburg (NDM/Grünburg, Steinbach an der Steyr)

Weitere projektierte Schutzgebiete:
Moosbauernteich (NSG oder GLT/Roßleithen)
Edlbacher Moor (NSG oder GLT/Edlbach)
Teichl-Schlucht (NSG/St. Pankraz)
Mösl im Ebenthal (NSG/Rosenau am Hengstpaß)
Reichraminger Hintergebirge (NSG/Reichraming, Großraming, Rosenau am Hengstpaß, Weyer-Land)
Stummerreuthmoor (NSG/Rosenau am Hengstpaß)
Totes Gebirge Ost (NSG/Spital am Pyhrn, Roßleithen, Vorderstoder, Hinterstoder)
Totes Gebirge Mitte (NSG/Klaus an der Pyhrnbahn, Grünau im Almtal)
In den projektierten „Kalkalpen-Nationalpark“ sollten folgende vorgeschlagene bzw. bereits verwirklichte Naturschutzgebiete einbezogen werden:
Reichraminger Hintergebirge
Sengsengebirge
Haller Mauern
Totes Gebirge Ost und Mitte

Düstere Vergangenheitszeugen oder eisige Abenteuer – Höhlen im Einzugsgebiet der Steyr

Neben weithin bekannten und einigen denkmalgeschützten Höhlen gibt es zwischen Totem Gebirge und den Voralpen noch viele unbekannte und unerforschte Höhlenobjekte und Schächte. Wichtige Voraussetzungen für einen Höhlenbesuch: bergsteigerische Erfahrung, zweckdienliche Ausrüstung (Lichtvorrat), ausreichendes Umweltbewußtsein (keine Tropfsteine abschlagen, Fledermäuse nicht wecken oder berühren…) und erfahrene oder ortskundige Begleiter. Nach dem Naturhöhlengesetz darf jede Befahrung einer geschützten Höhle nur mit Zustimmung der Behörde durchgeführt werden. Interessierte mögen sich an den Verein für Höhlenkunde in Sierning wenden, der auch Höhlentouren mit staatlich geprüften Höhlenführern vermittelt.

Prielgruppe:
Kleiner Ofen: am Weg zum Prielschutzhaus
Prielschutzhöhle: unterhalb der Brotfallscharte
Blockhöhle: südwestlich der Dietlalm bei Hinterstoder
Eislueg: am Nordostabfall des Brandlecks; Naturdenkmal; etwa 50 Quadratmeter großer Steinnetzboden (Strukturboden)
Warscheneckgruppe:
Engelbert-Wurm-Höhle: südöstlich des Pießling-Ursprungs im Präwaldberg
Elchhöhle: südwestlich von Roßleithen unweit der Grasseggeralm; Elchknochenfunde
Großes Goldloch: 110 Meter lange, sagenumwobene Höhle südlich oberhalb des Gleinkersees
Gamssulzenhöhle: in der steilen Westflanke des Seesteins oberhalb des Gleinkersees; Naturdenkmal; Knochenfunde von Bären und Höhlenlöwen (um die Hälfte größer als die

heutigen Raubkatzen!), Funde von Milchzähnen junger Bären, Spuren menschlichen (Jagd)Besuchs (Hornsteinschaber)

Plirschbodenschacht (Linzer- oder Eisschacht): nordöstlich der Stubwiesalm; eisführender Schacht; Knochenfunde (Wisent u. a.)

Bründlschacht: Schachthöhle am Fuß der Roten Wand

Ramesch-Knochenhöhle: am Fuß der Ramesch-Nordwand östlich des Warschenecks; Naturdenkmal; gehäuftes Vorkommen von Augensteinen (silikatische Gerölle aus den Zentralalpen), Funde von Knochen- und Zahnresten des Höhlenbären („hochalpine Kleinform" = Ramesch-Bär), wenige Fundstücke von Höhlenlöwe und Wolf, Steingeräte des Neandertalers (z.B. Feuersteingerät)!

Italienerloch: wenige Meter oberhalb des Weges von der Wurzeralm auf das Warscheneck; ehemals Onyx-Sinter-Vorkommen

Eiskapelle: oberhalb des Brunnsteinersees in der Ramesch-Ostflanke; Eisbildungen

Rund ums Sengsengebirge:

Rettenbachhöhle (Teufelsloch): am Südabsturz des Merkensteins (Gamsplan) im südlichen Sengsengebirge; Naturdenkmal (Eisengitter); Typuslokalität eines extrem seltenen Höhlenkäfers (Arctaphaenops muellneri)!

Wurzelloch: oberhalb der Teufelskirche im Vorderen Rettenbachtal

Eiskapelle: im östlichen Sengsengebirge (Steyreck) steil oberhalb des markierten Weges; Eisbildungen

Maulaufloch: aktive Wasserhöhle im westlichen Steilabfall der Rotwagmauer (Bodinggraben)

Voralpen:

Frauenlucke: im Palmgraben bei St. Pankraz

Fuchshöhle und Köhlernische: Trocken- bzw. Halbhöhle linksufrig des Rinnerberger Baches

Eiskeller (Kaltenbrunner Höhle): Überdeckungshöhle unterhalb des östlichen Gratausläufers der Tempelmauer (Kl. Landsberg); Eisvorkommen bis in den Sommer trotz geringer Höhenlage; von Jägern, Bauern und der einstigen Grafschaft im heutigen Kinderheim Leonstein als natürlicher Kühlraum verwendet

Steinbachhöhle: im Dorngraben nordwestlich des Gaisbergs

Goldlucke: in den felsigen Gratausläufern westlich des Gaisbergs

Zwergerlhöhle: neben dem Hufmanngraben am Fuß des Gaisbergs

Wetterlucke und Goldloch: am Schoberstein

Kulturgeschichtliche Uferhöhle: Halbhöhle im linken Steilufer der Steyr bei Obergrünburg; Funde aus der Hallstattzeit (Henkel und Tonscherben)

Brunnenschacht (Teufelsturm): in Waldneukirchen

(Auf den Schwarzbach-Ursprung, die Kreidelucke und den Pießling-Ursprung wurde schon näher eingegangen.)

Die wichtigsten Teiche, Weiher und Seen

Spital am Pyhrn:
Brunnsteinersee (sh. Beitragstext), Pflegerteich (hohe ökologische Wertigkeit – in der Umgebung wurden 45 (!) Vogelarten festgestellt), Gleinkersee (Naturschutzgebiet, beliebter Badesee), „Fredi-See" (im „Teichgraben" am oberen Edlbach künstlich aufgestaut; seltenes Vorkommen der Sibirischen Schwertlilie!)

Roßleithen:
Moosbauernteich, Veichl-Teich (Naturdenkmal: Teichbinsenröhricht, Weiße Teichrose, Froschlöffelgewächse), Glöckl-Teich (Naturschutzgebiet: sh. Beitrag „Bedrohte Wunderwelt")

Vorderstoder:
Windhagersee, Schafferteich

Hinderstoder:
Schiederweiher (künstlich angelegt)

Klaus an der Pyhrnbahn:
Elisabethsee (künstlicher Badesee) am südlichen Ende des Klauser Stausees

Molln:
Feichtauer Seen (im Naturschutzgebiet Sengsengebirge), Wunderlucke (Einsturztrichter an der Krummen Steyrling)

Kleine Weiher, Teiche und Tümpel gibt es im Schmiedleithnergraben, in der Pernzell, in Pieslwang, in der Gemeinde Aschach, beispielsweise auch am Hochhub und zwischen Sierning und Sierninghofen; vereinzelt haben solche, früher weit häufiger vorkommende Feuchtbiotope in allen Gemeinden der hügeligen Kulturlandschaft nördlich der Kalkalpen überlebt und stellen heute oft letzte Rückzugsgebiete für vom Aussterben bedrohte Pflanzen und Tiere dar.

Mühselige „Schatzsuche" – alte Bergbaue rund ums Steyrtal

Alten Bergbaubetrieben und ihren Bodenschätzen haftet zweifellos die Romantik des Schatzsuchens an. Erst wenn man mit den Tatsachen extremer Arbeitsbedingungen und dürftiger Entlohnung konfrontiert wird, macht man sich wohl Gedanken über Mühsal und Strapazen der alten Bergleute. Mehrere kleine Bergbaue gab es in den letzten Jahrhunderten auch rund ums Steyrtal: Das bemerkenswerteste Bleivorkommen wurde in der Kaltau (Steyrling) noch im 18. Jahrhundert entdeckt und auch eine Zeitlang in der Hoffnung auf reiche Ausbeute von einem Bergmann bearbeitet. Als es nicht mehr gewinnbringend war, gab man das Werk auf. Bleigewinnung wird in alten Schriften auch vom Gaisberg bei Molln erwähnt.

Drei „Gruben mit schönen Klüften" dienten indessen am Gaisberg (Hufmanngraben) vermutlich schon seit dem 13. Jahrhundert, urkundlich bezeugt aber erst seit etwa 1570 immer wieder dem Eisenabbau, der dann spätestens gegen Ende des 18. Jahrhunderts endgültig eingestellt worden sein dürfte. Gruben befanden sich auch am Hochbuchberg und an der Schwalbensteinmauer, während am Landsberg bei Leonstein und auf dem Pfaffenboden hinter dem Gaisberg erfolglos nach Eisenerz geschürft wurde. Im 19. Jahrhundert lebte vorübergehend auch in der Gegend um Spital am Pyhrn (Gameringalm, Weinmeisteralm im oberen Dambachtal) der Eisenbergbau auf. In der Umgebung von Molln sind weiters an mehreren Punkten Steinkohlenschürfungen vorgenommen worden: Der alte Steinkohlenschurf östlich von Steinköpfl und Sulzeck im Graben zwischen Denk und Reitbauer war um die Mitte des 19. Jahrhunderts der bedeutendste von ihnen. In einem Stollen wurden drei geringmächtige Kohlenflöze von teils mürber, jedoch schöner und reiner Kohle angefahren. Auch in der Welchau, im „Riedgraben" (heute „Kothbauerngraben"?) westlich von Leonstein und auf der Feichtaualm im nördlichen Sengsengebirge sollen Kohlenschurfe betrieben worden sein, ebenso im Hanslgraben östlich von Rosenau am Hengstpaß.

Es lohnt sich, vom Bodinggraben aus über die Zaglbauernalm die Ruinen des alten Braunsteinbergwerks im Eselgraben zu erwandern. Der Braunstein (MnO_2) – auf der ehemaligen Abraumhalde findet man noch Brocken des gewichtigen Manganerzes – steht hier als schwarzes, zuweilen bläulich schimmerndes oder auch braun verfärbtes Erz an. 1883 wurde mit dem Abbau begonnen, obwohl der durchschnittliche Erzgehalt von 47 Prozent MnO_2 eigentlich recht dürftig war. Schon wenige Jahrzehnte später wurde die Gewinnung dann wegen zu geringer Ergiebigkeit der Lagerstätte und der schwierigen Bringung wieder eingestellt. Zeitweilig wurden aus den heute verstürzten Stollen auch kleinere Mengen von Spateisenstein gefördert.

Der Gleinkersee (links) und der künstlich geschaffene Elisabethsee am Klauser Stausee.

Ihr Wasser ist das schönste, welches ich je gesehen, immer grün, gleicht es flüssig gewordenen Alpenwiesen. Sie behält dauernd ihre Reinheit und Frische, da sie immer zwischen Gebirgen im felsigen Bette fluthet; wo ihre Ufer flach werden, hat sie auch ihren Lauf vollendet. Nach ihrem Ursprunge hüpft sie ein paar Stunden lang über das Gestein fort, sorglos mit den Uferblumen spielend. Im Passe Klam sind ihr die verfinsternden Felswände verhaßt, sie peitscht die gefühllosen mit ohnmächtiger Wuth und entflieht zuletzt mit zornigem Gebrause. Im lichteren Thale stellt man ihr ein Rad in das Bett, das treibt sie als ein willkommenes Spielwerk; nun folgt ein zweites, drittes – viertes – sie stutzt – endlich kommt sie an ein Wehr, stumm grollend hält sie einen Augenblick vor dem Hindernisse an, und während im Zorne ihre Kraft anschwillt, entwendet der Mensch einen Theil derselben und leitet sie seitwärts, wo sie wieder Räder zu treiben hat. Auf diese Weise vielfach überlistet, eilt sie doch immer wieder der neuen Knechtschaft entgegen; wenn sie aber in der Steyr bei jedem Schritte vorwärts, wie ein Handwerksgeselle einen Hammer schwingen oder einen Schleifstein drehen muß, verliert sie die Geduld und stürzt sich mitten in der alten Stadt nach einer raschen Wendung in die blasse Enns, in der man noch lange ihre unvermischten Fluthen wahrnimmt. Dieser grüne Wasserstreif ist nichts anderes, als die grüne Erinnerung der sterbenden Steyer an die genossenen Alpenfreuden. Glücklich lebe jedes Wesen, das ihr Anblick erfreut, vom Vöglein an seiner Quelle bis zum schönsten Herzen in der schönen Steyerstadt.

JULIUS VON DER TRAUN

Alles im Fluß

Erwin Einzinger

Johann Wildzeisz, Aquarell Steyrdurchbruch aus dem Bilderzyklus „Tagträume an der Steyr".

Rechte Seite:
Die Stefaniebrücke verbindet die Gemeinde Molln mit Leonstein.

Im Herbst gehen die Gedanken manchmal Flußläufen entlang. Und Wasserläufen zu folgen, gehörte zu einem der regelmäßigen Abenteuer der Kindheit …
Es regnete, als ich das schrieb. Ich zählte kurz die Herzschläge, kam aus dem Rhythmus. Ich legte eine Hand auf den Kopf und wartete.
Dann weiter: das tägliche Leben am Wasser schon seit frühesten Jahren … Am Haus floß der stinkende Marktbach (eingefaßt in ein steiles Betongerinne mit Zuflußrohren von den Haushalten) vorbei, in dem wir fangen spielten, uns versteckten, Ratten jagten. Und auch jetzt sehe ich vom Tisch aus das Wasser – wenn auch nicht das, um welches es hier gehen soll.
Das Thema also: die Steyr; linker Nebenfluß der Enns in Österreich, 68 Kilometer lang, entspringt im Toten Gebirge, mündet in der Stadt Steyr.
Ich bin zwar nicht im Steyrtal geboren, sondern im benachbarten Kremstal, aber von dort, wo ich jetzt wohne, ist es bereits näher zur Steyr als zur Krems: In etwas mehr als zwanzig Minuten bin ich zu Fuß beim sogenannten Steyrdurchbruch oder kurz davor – wo noch diese schöne lange Schleife ist, in der das Wasser meist so still dazuliegen scheint wie grünes Glas. Und tatsächlich kommt der Fluß hier fast zum Stehen, und an eiskalten Jännertagen kann man sehen, wie die Oberfläche vom seichten, straßenseitigen Ufer zufriert.
Das Klima ist rauh hier, wir sind im Gebirge. Und vielleicht trägt auch deshalb der Pfirsichbaum, den ich vor ein paar Jahren gepflanzt habe, keine Pfirsiche, sondern nur winzige hölzerne Kugeln.
Was ist noch da? Was ist noch da vom Fluß, an dem ich als Neunjähriger spielte? Wohl die meisten der aus sanft abgeschliffenen weißen Kalkkieseln bestehenden Schotterbänke, obwohl auch sie sich bei wechselndem Wasserstand bisweilen verändern oder zeitweise in Hochwasserperioden überhaupt verschwinden. Oder die

Wirbel hinter den massiven Pfeilern der Frauensteiner Brücke. Und ein Wasser, das ich seit meiner Kindheit liebe als das kälteste weit und breit. Kalt und rein. Selbst im heißesten Juli oder August, wenn einem der Schweiß durch die Brauen sickert und in den Augen brennt, ist die Steyr immer noch vor allem ein Gebirgs- und Schmelzwasser. Die unglaubliche Wärme aber, die einen durchströmt, wenn man nach dem Untertauchen in diesem Wasser naß in der Sonne steht und die wie im Schock zusammengekrampften Blutgefäße wieder weit werden spürt!

Klare Bilder in der Erinnerung: Einmal war ich als Kind mit den Eltern und meiner Tante auch im Quellgebiet der Steyr, beim Aufstieg zum Salzsteig, wo mir mein Vater von den Kreuzottern erzählte. Im Heimatdorf meiner Mutter fingen wir als Buben im seichten Uferwasser herumwatend die Fische (Koppen) mit der Hand. Oder: Jahre später, als in Klaus soeben die Staumauer fertiggestellt worden war, fuhr ich mit dem Polyesterboot eines Freundes von knapp hinter der Staumauer bis zur Schotterbank vor Frauenstein, stolz darauf, nicht gekentert zu sein, nachdem man mir erzählt hatte, beim erstenmal gehe jeder einmal baden, wenn er im Gebirgswasser fahre. Seit dieser Fahrt weiß ich auch: Am schönsten ist der Fluß dort, wo die Ufer so unzugänglich sind, daß man sie von oben her gar nicht sieht. Und ich habe als Heranwachsender mehrmals an der Steyr übernachtet, auf einer Schotterbank, bin an den tieferen und trotzdem wild reißenden Stellen bei der Frauensteiner Brücke geschwommen, aber nur ein paar Sekunden lang, weil man sofort das Gefühl bekam, nur mehr Eis zu haben im Knochenmark.

Wir warfen immer wieder Steine in den Fluß, wir spuckten in die Wellen, sammelten trockenes Schwemmholz für das Feuer, streiften geschäftig umher. Und wir saßen auf der Schotterbank im Dunkeln und hörten von meinem selbstgekauften Radiorekorder „Live at Leeds" von den Who.

Einmal blickte ich nachts lange ins Mondlicht auf der Wasseroberfläche. Und im Tageslicht: Das Mädchen, das später einmal heimlich an meinem Ohr leckte, lag lächelnd im Sand und spielte die Scheue, die nicht will, daß man ihre Brüste sieht. Es war alles ein Spiel, es war alles ganz ernst.

Wenn man an einem sonnigen Nachmittag im Frühherbst mit einem Boot den Stausee flußaufwärts fährt bis zur sogenannten Stauwurzel: die Stille, die ganz dicht über dem Wasser liegt, während die im späten Sonnenlicht gleißenden Insekten wie verrückt herumtanzen!

Einer, der unweit von hier auf einem Hang hoch über dem Tal seine Schafe züchtet und täglich zu Fuß zu seiner Arbeitsstätte hinuntergeht, bei jedem Wetter, erzählt mir, daß er eine wunderschöne riesige Ringelnatter gesehen habe in einer ruhigen Bucht der Steyr. Und wenn man mit dem Zug am Fluß entlangfährt, kann man die Sonne im Wasser dahinwandern sehen, im Schotter, in den Konglomeratabhängen, in denen die Schatten nach oben fahren, während das Licht langsam milder wird.

Weiter flußabwärts: die schöne kleine Insel vor der Haunoldmühle!

Oder das Gottesbankerl kurz vor dem Bauernhof am Frauensteiner Ufer, und unten das Wasser, grün heraufleuchtend zwischen den dunklen Fichtenstämmen. Auf dem schmalen Wiesenstreifen ein mit Laub bedeckter, verwitterter hölzerner Sessel vor dem ruhig dahinziehenden Fluß; Tau auf den Blättern, die auf seinem Holz kleben.

Auf einer Schotterbank ein riesiger angeschwemmter Strauch, Wurzeln nach oben, ein Kopffüßler. Und weiter vorne die einzigartige Stelle, wo die schmale Schotterstraße die scharfe Kurve macht und steil hinunterführt zu dem halbverfallenen ehemaligen Gasthaus kurz vor der Stelle, wo die Palten in die Steyr mündet.

Während ich obiges aufschrieb, beschloß ich, den Fluß einen Herbst hindurch in unregelmäßigen Abständen an zwei ganz bestimmten, unauffälligen und sehr abgelegenen Stellen immer wieder aufzusuchen.

25. 9., oberhalb des Steyrdurchbruchs. Ein langer Blick auf das Wasser hinunter. Zwei Lastwagen bremsen die Kurve vor dem Stauknie an. Rechts unten rudert eine Wildente aus dem Schatten heraus. Geräusche: die Vögel; die Autos; ein Flugzeug; und das Rauschen des Wassers, das über die Staumauer fließt. Unten vor der Kas-Bar hackt ein älterer Mann in kariertem Hemd Holz. Die Farben: allein in der Wiese rechts neben dem Flußufer sieben verschiedene Töne von Grün. Und dann noch das Baumgrün, die Abstufungen, die Schatten. Ein Grün, das bis ins Schwarz hinüberreicht.

2. 10., am Oberteil des Stausees gegenüber dem Steyrlinger Kalkwerk, das vom anderen Ufer Tag und Nacht herüberlärmt und sich so schön in die Landschaft – wie sagt man? – „einfügt". Denn alles soll sich fügen, auch die Landschaft, das Wasser …

Der Steyrdurchbruch.

Der Fischersteig führt hier ganz knapp neben dem ruhigen Fluß dahin. Einzelne Baumstrünke ragen im steilen Uferbereich aus dem Wasser; bevor es den Stausee gab, standen auch sie auf dem steinigen Steilhang. In den kleinen Buchten hat sich bereits das Buchenlaub gesammelt und bildet einen auf der Wasseroberfläche stehenden braunen Teppich, den die Strömung nicht erreicht.

9. 10., ebenda: Wildenten schwimmen langsam das sonnenbeschienene Wasser hinauf. Als sie losflattern, schäumt es auf, ebenso wieder, als sie mit gespreizten Flügeln bremsend ein Stück weiter flußaufwärts landen. Freilich ist auch die obligate Lenorflasche zu sehen, in einem Teppich von Laub, und sogar ein alter Tennisball treibt abwärts. Wo der Steig vom Flußufer steil heraufführt, treffe ich auf den Bauern, der vor sechs Jahren Anzeige gegen mich erstattet hatte. Ich wurde damals wenige Monate darauf schon freigesprochen, will aber jetzt trotzdem nichts mit ihm zu tun haben und tue so, als würde ich ihn nicht erkennen. Auf dem Weg zur Holzbrücke, die den Rettenbach knapp vor seiner Mündung in die Steyr überquert, erzähle ich K. und meiner interessiert zuhörenden Tochter dann die Geschichte …

23. 10., oberhalb des Steyrdurchbruchs. Später Nachmittag; der schräge Schatten, den der Waldkamm des Frauensteiner Ufers über den Fluß wirft, zieht beinahe eine Diagonale in das Rechteck der stillen Wasseroberfläche. Während ich das notiere, landet vier Meter neben mir ein Häher, der mich erst bemerkt, als ich hochblicke. Und weg ist er wieder. Unten auf dem Parkplatz vor der Kas-Bar steht der lange gelbe Werbebus der Natursteinfirma (Marmor-Granit-Naturstein-Ausstellung ist in großen schwarzen Buchstaben zu lesen). Die Sonntagsausflüglerautos haben bereits die Scheinwerfer eingeschaltet, Hochnebel liegt über dem Tal. Aus einem Stall jenseits des Flusses hört man das Vieh brüllen.

4. 11., ebenda: Dämmerung. Der Abendstern flimmert. Wolkenlos. Der Frost läßt bei jedem Schritt das Gras krachen. Der Fluß: ein Glanz in der Stille. Aus den zwei Kaminen der Kas-Bar steigt Rauch. Ich stelle mich unter einen fast kahlen Haselnußstrauch und blicke durch das Gezweig in den Sternenhimmel. Die wenigen trockenen Blätter wie schwarze, kleine Vögel, die sich nicht mehr wegrühren. Einer der Sterne bewegt sich dann langsam im Astgewirr voran: ein Flugzeug, lautlos und sehr weit oben.

8. 11., ebenda: Abend, klarer Himmel, feine Nebelschichten über dem Wasser. Am schattseitigen Ufer drei Tage alter Schnee, die Wiesen zwischen Wald und Flußufer jedoch schneefrei. Vor einem Bauernhof Geräusche von Holzstämmen, die verladen werden. Einer der knallig orangen Fertigbetontransporter des Schottergrubenbesitzers aus dem übernächsten Ort fährt vorbei. Schön wäre es, alle Kiesgruben der Steyr würden die Lastwagengeschwader dieses Unternehmers – der sich einen goldenen Arsch damit verdient, daß er die in Jahrmillionen so gewordene Landschaft am Fluß innerhalb weniger Jahre systematisch abgräbt, unterhöhlt und wegtransportiert, damit anderswo noch mehr Beton zusammengezaubert wird – unter sich begraben.

9. 11. Am späten Nachmittag noch zum Kamm des Kienbergs hinauf, um einen abschließenden Blick ins Steyrtal hinunter zu werfen, bevor ich die Notizen ins Reine tippe – aber als ich oben ankomme, ist plötzlich Nebel eingefallen und hüllt sogar die nur fünfzig Meter entfernten Lärchen dicht ein. Auf dem Rückweg ein jähes Aufrauschen: ein Vogelschwarm, der über die Bergflanke zieht.

Und nun wird also auch hier eine Autobahn gebaut, sogar durch die westliche Flanke dieses Bergrückens hindurch, den ich ebenfalls vom Tisch aus im Blick habe, und ein paar Kilometer weiter wird man dann in Zukunft einige Abschnitte dieses Flusses von der Überholspur

aus sehen können. Ob auch nur einer von denen, die für diesen Bau zur Verantwortung zu ziehen sind, jemals im Herbstnebel unten auf einem Felsblock gesessen ist und ins Geisterwasser geschaut hat, lange und ohne Eile? In einem Bericht eines alten chinesischen Treidlers (weiß schon niemand mehr, was treideln ist?) bezeichnet dieser die Gegend am Fluß mit den steil aufragenden Felswänden, die er zwar bereits seit Jahrzehnten kenne, sodaß er sich schon völlig daran gewöhnt habe, als immer noch „verteufelt schön".

Die Bilder sprechen für sich – schwerwiegende Eingriffe in die faszinierende Natur sind im Steyr- und Garstnertal traurige Realität geworden.

Soll dieses Gebiet wirklich zu einer Nationalparkregion werden, müssen diese Natursünden gestoppt werden.

Zwischen Zeiten

Kultur und Kunst am Weg

Hans Stögmüller

Unter Mitarbeit von
Ing. Hubert Braunreiter
Bernd Ehry
Heinrich Kieweg
Dr. med. Heinz Kieweg
OStR. Rudolf Stanzel
Dipl.-Ing. Adolf Staufer

Wenn man der Herkunft des Namens Steyr auf den Grund gehen will, dann muß man ganz weit in die Geschichte zurückblicken. Die Mitlautgruppe „str" ist eine uralte Wortwurzel, die in den meisten europäischen Ländern auftaucht. Immer, wo Kelten wohnten, trifft man auf die Wurzel „str" in Orts- und Flußnamen, in Spanien (Asturis, Esterri, Esteras, Estrella) oder in Frankreich (Ostricourt, Esternay, Istres) wie auch in Rußland (Astrachan, Ostrow, Stryj, Dnjestr). In Quimper in der Bretagne gibt es sogar einen Fluß mit Namen Steir. Schließlich steckt diese Wurzel auch in „Ostarrichi", der alten Bezeichnung für Österreich, dem Land am Ister (= Donau).

Was bedeutet nun dieses „str"? Die Kelten und Illyrer verwendeten es für die Bezeichnung von Wasser. Schon im Indogermanischen gibt es das Wort stir für „aufgestautes oder stehendes Wasser". Den Werdegang dieses Wortes haben die Fachleute mit viel Phantasie erforscht. Die einen meinen, daß die Steyr ihren Namen durch ein Vergleichen mit der Enns erhalten habe. Diese wäre nämlich die „Dahinfließende" und die Steyr die „Aufgestaute".

Andere bringen den keltischen Volksstamm der „Stiriaten" ins Spiel und verweisen auf eine römische Straßenstation bei Liezen, die den keltischen Namen „Stiriate" trug. Und weil wir schon bei den Römern sind, sei angemerkt, was sie mit dem Urwort stir getrieben haben. Für sie war aufgestautes Wasser so verdichtetes Wasser, daß daraus „stiria", der Eiszapfen, geworden ist.

Im Mittelalter war es üblich, Siedlungen an Zusammenflüssen nach dem kleineren der beiden Gewässer zu benennen. Beispiele dafür sind Wien, Melk, Ybbs, Enns, Traun und eben Steyr. So kam die Stadt zu ihrem Namen. Eigentlich war es zuerst nur die Burg, die „Stirapurhc", die im 10. Jahrhundert entstand und zum Stammsitz des Grafengeschlechts der Otakare wurde. Sie nannten sich Herren von

Historische Ansicht des Steyrer Wehrgrabens.

Steyr und gewannen mächtigen Einfluß. Zuerst dehnten sie ihren Besitz entlang der Enns und der Steyr aus, dann erwarben sie die karantanische Mark, ein Gebiet an der mittleren Mur, und als sie 1122 gar noch viel Land an der unteren Mur erbten, verlegte der Markgraf von Steyr den Regierungssitz in seine Mark, in die Steiermark. So bekam auch die „Grüne Mark" ihren Namen von der Steyr.

Die Stadt am Zusammenfluß von Steyr und Enns hatte viel von ihrem Status als Residenz profitiert. Damals begannen der Abbau von Eisen am Erzberg und die Eisenproduktion in seiner Umgebung zu blühen. Klar, daß die Markgrafen ihrer Hauptstadt durch Privilegien unter die Arme griffen. Der Eisenhandel aus Innerberg, dem heutigen Eisenerz, wurde über Steyr gelenkt, während von der Vordernberger Seite das Eisen nach Leoben gebracht werden mußte. Dieses System wurde zementiert, als Steyr 1287 das „Große Privilegium" durch Herzog Albrecht I. verliehen wurde, in dem festgelegt war, daß alles das Ennstal herabtransportierte Eisen in der Stadt drei Tage lang feilgeboten werden mußte, bevor es weitertransportiert werden konnte.

Es gibt eine Menge Klingen – Scheermesser – Ahl- und Feilschmiede, Hammermeister, Fischangelmacher, Nadler, Schleifer, Polirer u.s.w. Ich besuchte von jeder Art eine Werkstätte; auf vielen Orten sah ich Weibspersonen mitarbeiten, besonders bey den Messerern, welche nähmlich nicht die Klingen, sondern die Schale und Montirungen machen.

FRANZ SARTORI

Der Wehrgraben heute – ein Begriff für Industriekultur.

Auch in der 1625 gegründeten „Innerberger Hauptgewerkschaft“, einem Zusammenschluß aller Radmeister, Hammergewerke und Eisenhändler in der Eisenwurzen, hatte Steyr ein gewichtiges Wort mitzureden. Der älteste Konzern auf dem Gebiet der alten Monarchie baute gewaltige Getreidespeicher, von denen in Steyr zwei erhalten geblieben sind. Zu einem der schönsten Beispiele von Renaissance-Architektur zählt der Innerberger Kasten am Grünmarkt, in dem heute das Stadtmuseum und das „Steyrer Kripperl“ untergebracht sind. Daneben gibt es, fast unbeachtet, einen zweiten Speicher, nämlich zwischen Berggasse und Promenade, der vor Jahrzehnten ein Gasthaus beherbergte, nach dessen Namen der Kasten auch heute noch als „Deutsches Haus“ bezeichnet wird.

Viel mehr als von der Renaissance wird das Stadtbild von der Gotik geprägt, deren Spuren wir heute auf Schritt und Tritt begegnen. Sei es die Stadtpfarrkirche, das Bummerlhaus, das Eisenkompaniehaus am Ennskai oder das Nothafthaus in der Engen Gasse – sie sind nicht die einzigen Zeugen aus der Gotik, die ihre Hochblüte knapp vor 1500 erreichte, denn in fast allen Häusern der Altstadt stecken gotische Elemente.

Steyr – ein Kunstwerk von einer Stadt. Ein Motiv aus dem ältesten Stadtteil, die Berggasse.

In der Mitte des 17. Jahrhunderts hielt der barocke Baustil Einzug in Steyr. Eines der bedeutendsten Bauwerke ist die Vorstadtpfarrkirche St. Michael, die zusammen mit dem ehemaligen Bürgerspital die Szene am Zusammenfluß von Steyr und Enns beherrscht. Die Kirche, von den Jesuiten gleichzeitig mit dem anschließenden Kolleg, dem heutigen Bundesrealgymnasium, erbaut, ist das geistige Zentrum des Stadtteiles Steyrdorf, der schon im 16. Jahrhundert ebenso groß war wie die ursprüngliche Altstadt von Zwischenbrücken bis zum Neutor. In diesem Viertel an den Abhängen des Tabors siedelten sich vornehmlich die Eisenhandwerker an. Ein Teil dieses Gebietes, der Wieserfeldplatz und die umgebenden Gassen, wurde beinahe ausschließlich deshalb errichtet, um jene Messerermeister anzusiedeln, die im alten Stadtteil keinen Platz mehr fanden.
Und in den Niederungen, am Wehrgraben und im Vogelsang, siedelten sich jene Handwerkszweige an, die das fließende Wasser als Energiequelle benötigten. Schon im 15. Jahrhundert, und vielleicht auch schon früher, bestand der aus einem ehemaligen Flußarm neu angelegte Wehrgraben, der sich entlang des nördlichen Hanges

Die Michaelerkirche und das Bürgerspital an der Steyr.

talab schlängelt. In vier Zeugstätten waren unzählige Betriebe angesiedelt, die die Energie des Wassers nützten. Insgesamt fünfzig Wasserräder waren dort zu finden. Selbstverständlich war das Auskommen der vielen Hammergewerke, Müller, Nägelerzeuger, Drahtmacher, Schleifer, Polierer und Tuchfärber nicht immer das beste, weshalb die „Wehrgrabenordnungen" mehrmals verbessert wurden. Sie legten Rechte und Pflichten fest, dienten dazu, Streitfälle zu schlichten und Leistungen gerecht aufzuteilen.
Man kann sich vorstellen, daß die regelmäßig herabdonnernden Hochwässer oft großen Schaden an den Wehren und Uferverbauungen anrichteten. Oft mußten ganze Zeugstätten neu errichtet werden. Nicht inkludiert in die Wehrgraben-Kommune waren die Gewerken im Vogelsang, also zwischen Blumauergasse und Fabriksinsel, wo sich zwei Eisenhämmer, eine Säge- und Mahlmühle und eine Brauerei befanden.
Der an der k.k. Kreishauptschule in der Stadt wirkende Zeichenlehrer Joseph Löw schenkte 1830 dem Magistrat eine Zeichnung des „Wöhrgraben-Flusses und der an denselben gelegenen Gebäude und Werkstädte und der altgothischen

Pfarrkirche von der Südseite". Darauf sind die vier Zeugstätten zu sehen. In der ersten gab es damals einen Eisenhammer, eine Papiermühle, eine Mahlmühle, einen Drahtzug und sieben Schleifen. Die zweite Zeugstätte konnte mit zwei Kupferhämmern, einem Pfannenhammer und Schleifen aufwarten. Die dritte bestand lediglich aus Schleif- und Polierwerkstätten, während die vierte zwei Mahlmühlen, einen Ledererbetrieb und ein Hammerwerk umfaßte. Aus dem 17. Jahrhundert liegen erste Berichte über eine rege Flößertätigkeit auf der Steyr vor. Kleine Flöße, Ladenkarl (auch Ladenkahnl genannt), befuhren den Fluß von der sogenannten Sägewiese bei Klaus bis zur Mündung. Obwohl im Wehrgraben die vier Zeugstätten zu überwinden waren, wurde dort „geflezt" und nicht im Mitterwasser, wo das Platzenhof-, das Kugelfang- und das Heindlmühlwehr zu überwinden gewesen wären.
Bis sie nach Steyr kamen, hatten die Flößer ohnehin alle Hände voll zu tun, denn es galt, die Wehre der Mühlen und anderen Werke am Oberlauf zu überwinden. Die Ladenkarl bestanden aus geschnittenen Brettern, die etwa drei Meter lang, zwei Meter breit und einen Drittel Meter hoch gestapelt waren. Die Bretter wurden mit Wied zusammengehalten. Auf jedem

Links: Innerberger Stadel. *Eine Erinnerung an die Holztrift auf der Steyr bei Steinbach.*

Karl fuhr nur ein Flößer, der einen zweieinhalb bis vier Meter langen Haken hatte, an dessen zweitem Ende ein rechteckiges Brett zum Rudern befestigt war.
Mit diesem Werkzeug mußte sich der Flößer bei den vielen Floßgassen der Wehranlagen, während das Karl durchfuhr, auf die über die Floßgasse führende Brücke schwingen und auf der anderen Seite rasch auf das durchfahrende Floß hinunterspringen. Dabei stützte er sich mit dem Haken ab. Das Anrudern zum Durchlaß erforderte viel Geschicklichkeit, weil manche Floßgasse nicht viel breiter war als das Karl.

Die Flößerei war also auf dem schmalen, reißenden Wasser ein waghalsiges Unternehmen. Besonders beim Durchlaß unter der Steyrbrücke gab es oft Schwierigkeiten, weil die Strömung sehr stark war. Zu Lebzeiten Werndls wurde dort ein italienischer Flößer bei ziemlich hohem Wasserstand in das Wehrdreieck abgetrieben. Er schrie jämmerlich um Hilfe. Von der Brücke aus wurde er mit den Sterbesakramenten versehen. Als Josef Werndl davon erfuhr, eilte er herbei und rettete mit einigen beherzten Männern von der Schloßleiten den Italiener, indem er ihm ein Seil zuwarf und ihn herauszog.

Winterstimmung im Wehrgraben.

Über Josef Werndl wurden und werden viele ähnliche Geschichten erzählt. Er war nicht nur wegen seiner Körpergröße von 2,06 Meter ein „großer" Mann, sondern er kann als die bedeutendste Persönlichkeit bezeichnet werden, die Steyr hervorgebracht hat. Er wurde als Sohn des Leopold und der Josefa Werndl am 26. Februar 1831 geboren. Sein Vater, ein gelernter Bohrerschmied, hatte zu dieser Zeit schon einen ziemlich großen Betrieb zur Erzeugung von Armaturen (Waffenbestandteilen) aufgebaut. 1844 kaufte er auch die Mühle in Letten, die er zu einer Fabrik erweiterte.
Josef Werndl zog es nach der Lehre als Büchsenmacher und einigen Jahren als Soldat in die Neue Welt. Bei Colt und Remington in den Vereinigten Staaten lernte er jene Maschinen kennen, von denen im alten Europa noch keine Spur zu sehen war.
1862 legte Werndl mit dem Ankauf der Jocherschen Papiermühle im Wehrgraben den Grundstein zu seiner Großindustrie. Dort baute er ein Fabriksobjekt, das „Altes Werk" genannt wurde. Ihm folgten der Millnerhammer, die Schaftfabrik und noch zehn andere Hallen entlang des Wehrgrabenkanals und im Vogelsang. Zusammen mit seinem Werkmeister Karl Holub (1830–1903) erfand Josef Werndl ein Hinterladersystem, das vom Kaiser 1867 sanktioniert und als neue Bewaffnung des österreichischen Heeres angenommen wurde. Sofort wurden die Fabriksanlagen großzügig erweitert.
Die höchste Anzahl an Arbeitern in der Ära Werndl betrug 9700. Der größte Industrielle Steyrs starb ziemlich unvermittelt am 29. April 1889. Im nächsten Jahr beschäftigte die Waffenfabrik mehr als 10.000 Arbeiter. Damals gab es im Werk unter anderem 2188 Fräsmaschinen, 272 Stoßmaschinen, 549 Drehbänke, 134 Polierzeuge und 136 Laufzugmaschinen.
Der Historiker Rolleder gibt in seiner Heimatkunde aus dem Jahr 1894 ein anschauliches Bild der Betriebsamkeit im Wehrgraben: „Hier befindet sich der Sitz der regsten industriellen Tätigkeit, welche den Namen der Stadt weit über die Grenzen der Monarchie berühmt gemacht hat. Schlote, schier ohne Zahl, leiten den Rauch in die Wolken, mächtige Gebäude füllen die Plätze, dazwischen strömt – oftmals überbrückt oder mittels Wehren gestaut – die Steyr in großen und kleinen Wasseradern, um die großartigen Maschinen zu treiben oder die Dampfkessel zu füllen.
Lange, gerade Straßen, gebildet von Häusern mit wohlgepflegten Gärtchen davor, sind angelegt worden, wo es der Platz erlaubte. Sie gehören alle zu den Werken der österreichischen Waffenfabriks-Gesellschaft, welche hier

Eine Lichterkaskade empfängt die Steyr bei ihrer nächtlichen Ankunft bei der Enns, die ihr Wasser bis zur Donau weiterträgt.

den Sitz ihrer Tätigkeit aufgeschlagen hat. Wenn dieser Industriezweig grünt, so herrscht hier gar reges Leben. Viel tausend geschäftige Arbeiter rühren die fleißigen Hände. Dann schnauben die Maschinen, rauschen die Wasser, pochen die Hämmer, und weithin erschallen die Schüsse der zu erprobenden Gewehre. Aus vielen tausend Fenstern erstrahlen abends die elektrischen Flammen, und der ganze Stadtteil gewährt einen feenhaften Anblick. Aber noch viele andere Gebäude stehen hier, von dem Mündungspunkt der Flüsse angefangen gegen die sogenannte ‚bucklige Wiese' zu dem Dachsberg hinan. Die Mauern aller dieser Häuser bergen ebenfalls gewerbefleißige Bewohner."

Von all diesem Getriebe ist heute im Wehrgraben nicht mehr viel zu merken. Seit die Waffenfabrik 1913 an der Ennsleiten neu gebaut wurde, drohte der Stadtteil immer mehr zu verfallen. Schließlich wollte man auch das Gerinne nicht mehr haben. Die Stadt plante, dort einen Kanal zu verlegen und das Wasser zuzuschütten. Dagegen bildete sich eine Bürgerinitiative, die – um den Steyrer Kunsterzieher Heribert Mader geschart – diesen Plan erfolgreich vereitelte. Der Wasserlauf wurde gerettet und ist Sinnbild für eine Revitalisierung, die zusehends voranschreitet. Vorläufiger Höhepunkt war die Landesausstellung 1987 „Arbeit/Mensch/Maschine", die in einem ehemaligen Fabriksobjekt eingerichtet wurde und beinahe 400.000 Besucher nach Steyr brachte. Dieses „Museum industrielle Arbeitswelt" besteht weiter und gibt ein anschauliches Bild von den Arbeitsbedingungen in der Vergangenheit bis herauf zur Gegenwart. Daneben wird auf dem ehemaligen Areal der Hack-Messerwerke das „Forschungs- und Ausbildungszentrum für Arbeit und Technik" (Fazat) errichtet. In der kleinräumigen Struktur der Steyr-Niederung hat die Industrie keinen Platz mehr. Nicht nur die Steyr-Daimler-Puch AG, die die Tradition der Waffenfabrik fortsetzt und Gewehre, Traktoren und Lastkraftwagen erzeugt, siedelte sich am Stadtrand an, auch das Wälzlagerwerk wurde im Osten errichtet. Nach dem Zweiten Weltkrieg entstand das Werk der Gesellschaft für Fertigungstechnik und Maschinenbau AG (GFM) an der Ennser Straße, wo Schmiedemaschinen und andere schwere Apparaturen erzeugt werden. Jüngste Firmengründung ist die Ansiedlung des BMW-Motorenwerkes neben dem Wälzlagerwerk, wo inzwischen mehr als 2000 Arbeitnehmer beschäftigt sind.

Das Christkindl „unterm Himmel"

Weltweit sicherlich bekannter als Steyr ist der kleine Wallfahrtsort Christkindl, hart an der Kante eines Steilhanges über dem Stadtteil Unterhimmel gelegen. Die offizielle Geschichtsschreibung läßt Christkindl zu Beginn des 18. Jahrhunderts in die Historie eingehen, doch ist so gut wie sicher, daß schon weit früher der Ort als „Wallfahrtsort" aufgesucht wurde.
Nur mehr im Verborgenen existiert der „Heilige Brunnen". Er befindet sich im Untergeschoß des Pfarrhofes und wurde 1720 gefaßt. Aber schon lange vorher war die Quelle aufgesucht worden, der das Volk Heilkraft zuschrieb. Weil es viele ähnliche Beispiele von „Heiligen Brunnen" gibt, die schon von den Kelten als Platz für ihre kultischen Handlungen benützt wurden, so ist anzunehmen, daß auch Christkindl ein solcher Platz war.
Heute kümmert sich niemand mehr um den Brunnen, der obendrein versiegt ist. Kein Wasser fließt mehr aus der Seitenwunde eines „Christkindls", einer barocken Steinfigur, die dem Gnadenbild in der Kirche nachgebildet ist. Mit dieser Figur hat es eine besondere Bewandtnis: Ihre Anbetung geht auf einen Steyrer namens Ferdinand Sertl zurück, der an Epilepsie litt und zuerst ein Bild der heiligen Familie anbetete, das er an einem Fichtenbaum an der Stelle der heutigen Kirche aufgehängt hatte. Als er von einer wundersamen Heilung erfuhr, die sich im Cölestinerinnenkloster in der Berggasse (heute befindet sich dort das Gefangenenhaus) zugetragen hatte, bat er die Klosterschwestern um ein solches Christkindl, das eine Nonne von einer Lähmung befreit hatte. Die zwölf Zentimeter große Wachsfigur stellte der Thurnermeister (Kapellmeister der Stadtmusik und Feuerwächter am Stadtpfarrturm) in eine Höhlung der Fichte und betete sie an.
Tatsächlich wurde der Mann geheilt, worauf sich diese Kunde in Windeseile herumsprach.

Einmal im Jahr geht der Nikolaus in die Luft – natürlich in Christkindl.

Von weit und breit strömten die Wallfahrer herbei, weshalb eine Holzkapelle errichtet wurde. Auch eine Einsiedelei wurde in Christkindl gegründet. Im Zusammenhang damit wurde auch der Kirchenbau begonnen, der 1709 vollendet wurde. Die Pläne dazu lieferten Johann Carlone und Jakob Prandtauer. Die Weihe fand 1725 statt.

Die Kirche wurde so errichtet, daß der Fichtenbaum mit dem Gnadenbild an seiner ursprünglichen Stelle verblieb. Die von Prandtauer geplanten Fassadentürme wurden nicht vollendet, sondern knapp oberhalb des Hauptgesimses mit Zeltdächern abgeschlossen. Erst später wurden sie mit barocken Zwiebeltürmen versehen. Vom Garstner Stiftsmaler Johann Carl von Reslfeld stammt das Fresko der Kuppel, das die Himmelfahrt Mariens darstellt.

Angeregt durch den Namen des Ortes Christkindl entschloß sich die Post 1950, während der Weihnachtszeit ein Sonderpostamt einzurichten. Obwohl während der ersten Betriebsperiode nur Briefe für das Inland zugelassen waren, wurden 42.000 Sendungen über das Sonderpostamt geleitet. Durch diesen unerwarteten Erfolg ermutigt, wurde diese Einrichtung beibehalten. Im benachbarten Gasthof wurden die erforderlichen Räumlichkeiten adaptiert, weil der Raum im Pfarrhof zu klein wurde. Die Anzahl der Postsendungen nahm von Jahr zu Jahr zu. 1963 erschien die erste Sonderpostmarke mit dem Motiv „Weihnacht", und seit 1967 gibt es jährlich eine solche Weihnachtsmarke. In den letzten Jahren waren durchschnittlich zwei Millionen Briefe und Glückwunschkarten zu bewältigen.

Noch eine Besonderheit kann Christkindl bieten: eine mechanische Krippe, deren hunderte Figuren mittels Kettenantrieb beweglich sind. Es ist das Werk des Schlossermeisters Karl Klauda, der aus dem Sudetenland eingewandert war und die Krippe in langen Jahren gebastelt hat. Zuletzt stand sie in einem Bauernhof bei Letten, wo sie Pfarrer Alois Hartl entdeckte und für die Pfarre Christkindl erwarb.

Die Krippe nimmt fast die ganze Breitseite eines kleinen Saales ein und hat einen Rahmen, dessen Entwurf vom Steyrer Stahlschnittmeister Michael Blümelhuber stammt. Die tief nach hinten reichende Felsenlandschaft zeigt im Hintergrund die Stadt Bethlehem. An der Geburtsgrotte zieht in Reih und Glied eine wunderlich bunte Schar vorüber, angefangen von den zwölf Aposteln über Adam und Eva bis zu Kaiser Karl dem Großen und der Kaiserin Helena, die als Auffinderin des Kreuzes Christi gilt. Das Christkind dankt den Vorbeiziehenden mit einer segnenden Bewegung. Handwerkerszenen und biblische Begebenheiten, wie der Gang nach Emmaus, beleben die zauberhafte Bühne. Auch eine Schafherde zieht ihre Kreise. Alles wird bewegt durch einen Mechanismus von Fahrradketten, begleitet von märchenhafter Leierkastenmusik. Bemerkenswert ist weiters die berühmte Pöttmesserkrippe, die wegen der Anzahl und der Größe der Figuren ein Unikat ist.

Detail aus dem Steyrer Kripperl.

Unterhalb der Kirche liegt hingestreckt am Himmlitzer Wehrgraben die kleine Ortschaft Unterhimmel. Alte Fabriksgebäude und renovierungsbedürftige Häuser künden von einer stolzen Vergangenheit. Hier gab es schon im 14. Jahrhundert eine Mahlmühle, die Kruglmühle, und einen Eisenhammer, folglich muß es auch seit dieser Zeit den Fabrikskanal geben, der beim Kruglwehr von der Steyr abzweigt.

Rege Betriebsamkeit herrschte in Unterhimmel ab dem 17. Jahrhundert, als der Steyrer Ratsbürger und Handelsmann Maximilian Luckhner die Rohrschmiede kaufte und eine Gewehrerzeugung in großem Stil aufzog. Er verkaufte 1676 seine zwei Rohrschmiedehämmer samt Wasserrechten dem Handelsherrn und Quecksilberinspektor in Wien, Hanns Ludwig Mittermayr von Waffenberg, der die Musketenerzeugung fortsetzte. Dessen Erben verkauften die Fabrik, zu der auch Hämmer und Werkstätten in Vogelsang gehörten, dem Steyrer Ratsbürger Benedikt Schöttl. Nach ihm kam der kaiserliche Stuckhauptmann und Armaturslieferant Anton Penzeneder in den Besitz der Gewehrerzeugung. 1784 verkaufte der k. k. Regierungsrat Anton von Penzenstein (der geadelte Sohn Penzeneders) die Armaturwerkstätten dem k. k. Ärarium, das die Gewehrerzeugung unter staatlicher Führung fort-

Wer ist schneller? Die Steyrtalbahn spuckt ganz schön Rauch, um mit Horst Maas und seinem Hundeschlitten mitzuhalten …

setzte. Sie wurde aber im ersten Drittel des 19. Jahrhunderts nach Wien verlegt.
Die Werkstätten an den drei Staustufen des Himmlitzer Wehrwassers kamen ab 1863 in den Besitz von Franz Werndl, dem Bruder des Steyrer Waffenerzeugers Josef Werndl. Es wurde daraus eine Draht- und Nägelfabrik, die expandierte und zu einem der größten Unternehmen im Raum Steyr wurde. 1967 mußte die Fabrik liquidiert werden, weil sie nicht mehr mit den moderner ausgestatteten Unternehmen der Steiermark mithalten konnte. Nach und nach wurden die Gebäude verkauft, und nun präsentiert sich Unterhimmel in erster Linie als Wohnort, der den Vorteil der Nähe zur Steyr und zu herrlichen Auwiesen und Wäldern hat.

„Die älteste Schmalspurbahn"

An Sommersonntagen kann man in Unterhimmel eine seltene Bekanntschaft machen. Da schnauft und pfeift ein Zug daher, der schon etwas altersschwach auf den Schienen zu wackeln scheint, aber doch ein gehöriges Tempo erreicht. Es ist die Steyrtalbahn, die älteste Schmalspurbahn Österreichs, die 1982 ganz knapp vor dem Verschrotten gerettet wurde. Zwar wurde die Streckenlänge gekappt, aber auf der Strecke zwischen Steyr und Grünburg dampft sie weiterhin.
Als die Gerüchte um die Einstellung der historischen Bahnlinie nicht verstummen wollten, begannen Mitglieder der „Österreichischen

Gesellschaft für Eisenbahngeschichte" (ÖGEG) mit dem Sammeln von Unterschriften für die Erhaltung der Bahn. Bis 1982 unterschrieben 30.000 Leute. Einem Verein „Rettet die Steyrtalbahn" traten mehr als tausend Mitglieder bei.
Zwar konnte nicht verhindert werden, daß die ÖBB den Betrieb einstellten, aber der ÖGEG gelang es, die Strecke und das fahrende Material in ihren Besitz zu bekommen und daraus eine Museumsbahn zu machen. Mit den Erfahrungen, die die Mitglieder bei der Erhaltung der Florianerbahn gesammelt hatten, wurde an die Renovierung herangegangen. Am 15. Juni 1985 war es endlich soweit, und die Steyrtal-Museumsbahn wurde feierlich eröffnet.
Seitdem verkehren zwischen Mitte Juni und Ende September jeden Sonntag die Züge mit alten Dampfloks. Man kann einzelne Waggons oder ganze Sonderzüge für Schul- und Betriebsausflüge mieten. Jedes Jahr wenden die Mitglieder tausende Stunden auf, um ihr „Bähnlein" zu erhalten.
In unmittelbarer Nachbarschaft von Unterhimmel beginnen die Steyrauen, die landschaftlich für so bedeutend erachtet werden, daß ihre Unterschutzstellung demnächst erwartet wird. Gerade heute wird die Erhaltung solcher „grüner Lungen" immer wichtiger. Die Steyrauen bilden in diesem Sinn ein Naherholungsgebiet für mehr als 40.000 Menschen.
Unterhimmel gehörte bis 1983 ebenso zu Garsten wie heute noch die nahe Ortschaft Rosenegg. Dort befindet sich am Rand einer Mulde auf der Uferterrasse das Schloß Rosenegg, das eine abwechslungsreiche Geschichte hat. Ursprünglich ein Bauernhof, wurde es später zu einem adeligen Sitz erhoben und kam dann in den Besitz des Stiftes Garsten, das dort eine theologische Hochschule plante.
Das Schloß ist ein langgestrecktes, zweigeschossiges Bauwerk mit einem abgewalmten Mansardendach. Die beiden Ecken der Front zum Steyrfluß werden durch zwei vorgekröpfte Rundtürme verstärkt, die Kegeldächer besitzen. Schloß und Wirtschaftsgebäude werden von einer hohen Mauer umschlossen.
Das Schloß hieß ursprünglich „Weng auf dem Aettgraben" (oder Gweng auf dem Ölgraben) und wurde als Bauernhof schon 1383 erwähnt. 1568 wurde der Hof zu einem Edelmannssitz erklärt und in Rosenegg umbenannt. Der Steyrer Schulmeister und Chronist Wolfgang Lindner berichtet 1617 in seinen Annalen, daß das Wasser beim Schloß Rosenegg heilkräftige Wirkung habe und der Garstner Abt und viele Steyrer Bürgersfamilien das „Heilbad" aufsuchten.
Von 1785 bis 1787 diente das Turmzimmer des Schlosses als Schule, die aber dann nach Christkindl in den Pfarrhof verlegt wurde. Der Dichter Alexander Julius Schindler (Pseudonym Julius von der Traun), der letzte Pfleger der Herrschaft Steyr, bewohnte Schloß Rosenegg und schrieb dort die sogenannten „Rosenegger Sonette". 1909 kaufte der Fabrikant Viktor Werndl aus Unterhimmel den Besitz, den seine Erben noch heute bewohnen.

Die Messerschmiede vom „Neuen Zeug"

Ähnlich wie in Unterhimmel befand sich in früheren Zeiten auch in Neuzeug in der Gemeinde Sierning ein Zentrum für Eisenverarbeitung. Die Sage berichtet, daß dort schon die Römer Eisenwaren erzeugt und die Wasserkraft der Steyr zum Schleifen von Messern benützt hätten. Im Mittelalter gehörte der ganze Ort dem mächtigen Geschlecht der Losensteiner, die auf dem Schloß Gschwendt bei Neuhofen an der Krems saßen. Schon 1491 wurden in einem Urbar, einem Güterverzeichnis der Herrschaft, im „Neuen Zeug" acht Schleifen, eine Säge- und eine Mahlmühle erwähnt. Auch der Wehrgraben bestand damals schon.
Das Handwerk der Messerer und Waffenschmiede blühte besonders zur Zeit des Bau-

Das Schloß Rosenegg bei Steyr.

Stimmungsbild von Aschach an der Steyr mit der typischen Voralpenlandschaft.

ernkrieges 1596. Bauern ließen dort „lange scharfe Mordgabeln" herstellen. Auch Ahlschmiede siedelten sich in Neuzeug an. Im 19. Jahrhundert schlossen sich die elf Schleifer zu einer Kommune zusammen. Dann kam es auch in Neuzeug zur „industriellen Revolution". Die erste Messerfabrik gehörte 1845 einem Leopold Forster, der mit drei Meistern und fünfzig Arbeitern 10.000 Taschenmesser pro Jahr herstellte. 1864 gründete Ignaz Bandl die „Erste oberösterreichische Messerfabrik", die eigentlich die zweite war. 1880 war Johann Zwatz Firmeninhaber. Die Fabrik beschäftigte vor dem Ersten Weltkrieg nahezu 230 Arbeiter. Bis zur Schließung 1977, die durch die starke Konkurrenz aus Fernost erzwungen wurde, hieß die Firma „Amboßwerk Neuzeughammer".

Neuzeug gehört, wie gesagt, zur Gemeinde Sierning. Der Ort befindet sich einige Kilometer weiter westlich am Ursprung des Sierninger Baches und ist bereits in der Gründungsurkunde des Stiftes Kremsmünster 777 erwähnt. Sierning ist die Mutterpfarre eines Gebietes, das sich im Steyrtal bis Frauenstein, im Ennstal bis Reichraming und im Norden bis Maria Laah

Durch die Fotolinse wird die Gegend um Waldneukirchen zu einer Märchenlandschaft.

erstreckte. Selbst die Pfarre Garsten mit allen vom Stift gegründeten Pfarren wurde von Sierning aus gegründet. Im Steyrtal wurden Waldneukirchen (um 1146), Aschach (1108), Steinbach (um 1250), Molln (1319), Leonstein (1377), Grünburg (1543), Frauenstein (1805) und Sierninghofen (1963) abgespalten.

Die Pfarrkirche Sierning ist ihrem Alter, ihrer Größe und Bedeutung nach als Münster zu bezeichnen. Sie ist 46 Meter lang, 26 Meter breit und 15 Meter hoch. Das Hauptschiff wurde 1288 fertiggestellt, die Seitenschiffe wurden bis 1487 angebaut. Der Hochaltar ist ein bedeutendes Werk der Neugotik. Das Holzrelief in der Mitte, die Steinigung des heiligen Stephanus darstellend, ist von großer Eindringlichkeit und Dramatik.

Sierning war von alters her bis 1803 Besitz des Bistums Passau. Der Pfarrer residierte im heutigen Schloß, das gegen Ende des 15. Jahrhunderts entstand. Es ist einer der wenigen Renaissancebauten in der näheren Umgebung und somit eine architektonische Kostbarkeit des Ortes. Die im Parterre befindlichen Räume sind durchwegs gewölbt. An der Südostecke befand sich die Kapelle. Im anschließenden Süd- und

An der Eisenstraße nutzte der Mensch die Wasserkraft. Im Bild die alten Werkstätten der Steinbacher Messerer …

vor allem in Nordtrakt waren die Wohn- und Repräsentationsräume. 1805 wurde Sierning zu einer Kameralherrschaft erklärt, das heißt, von der kaiserlichen Hofkammer verwaltet. 1827 wurde die Herrschaft an die Familie derer von Kast verkauft. 1969 kam das Schloß in den Besitz der Gemeinde, die anschließend 1971 das neue Amtshaus errichtete. Heute befinden sich die Musikschule und Vereinsheime im Schloß.
1874 erbaute der Bäckermeister Anton Landerl, der durch Erbschaften sehr reich geworden war, das Krankenhaus an der Neustraße, das er 1908 anläßlich des 60jährigen Regierungsjubiläums des Kaisers Franz Josef den Kreuzschwestern schenkte. Das Spital wurde mehrmals erweitert, zuletzt 1974, und mit modernsten medizinischen Geräten ausgestattet. Es hat eine Kapazität von 85 Betten.
Zum Gemeindegebiet von Sierning gehört seit 1938 die Fabriksanlage in Letten. Ursprünglich stand dort die Lettmühle, die bereits 1397 erwähnt wird. 1750 hatte sie sieben Mahlgänge und drei Holzsägen. 1844 kauften der Armaturenerzeuger (Hersteller von Waffenbestandteilen) Leopold Werndl und seine Gattin Josepha die Mühle und bauten ein großes Werk, in dem

… und das noch aktive Sensenwerk Roßleithen an der Pießling.

anfangs Bestandteile für Feuerwaffen und unter ihrem Sohn Josef Werndl hauptsächlich Rohre für seine Gewehrproduktion erzeugt wurden. Als der Besitz 1869 an die österreichische Waffenfabriks-Gesellschaft überging, bestand er aus dem Herrenhaus samt Ökonomiegebäude, zwei Bauerngütern mit insgesamt 138 Joch Wald und Äckern, dem Hammerwerk (ehemals Schindlerscher Drahtzug), dem Saggebäude, zwei kleinen Zeughämmern, dem Kalkofen und mehreren Fabriksgebäuden mit Hammer-, Walzwerk und Glühöfen. Der Wehrkanal war 700 Meter lang. Das Wasserrecht wurde 1952 gelöscht. Ende 1988 wurde die Produktion durch die Steyr-Daimler-Puch AG eingestellt und das Werk an die Firma Loidl und Schwarz aus Steyr verkauft, die eine Aluminium-Eloxieranlage einrichtete.

Wer von Sierning aus in das Steyrtal fährt, erblickt nach wenigen Kilometern Fahrt auf einer Erhebung jenseits des Steyrtals die Kirche von Aschach an der Steyr. Die Gemeinde erstreckt sich von 350 bis 640 Meter über dem Meeresspiegel. Die Einwohner sind zum größten Teil Pendler, die in Steyr und Umgebung Arbeit finden, zum kleineren Teil Landwirte.

STEYR UND KREMS.

I kenn á paar Wásserl,
Bei der Schneid, spiagelhell,
Bei der Arbát schen rebi,
Beim Feiern kreuzfidel.

Das oan kimmt von Stoder
Über Stöck, über Stoan
Und woaß eahm voll Unmuaß
Oft völli nöt z'toan.

Das ander schliaft hoamli,
Da obm aus der Wand,
Und mecht ganz manierli
Spazierngehn durchs Land.

Aber nan – so gschwind gehts nöt,
So guat derfs nöt sein,
Es passen enk d'Leut für
Und spannán enk ein.

Da hoaßts: Rádl-Rádl,
Rádl dráh di gschwind um,
Da singán die Hammer
Eahn Liadl: Bum-bum.

Ja arbáts nur fleißi
Und laßts enk schen schlaun.
Spazierts oans in d'Enns
Und das ander in d'Traun.

Gelts – schen is die Roas gwöst
Aber g'arbát habts gnua –
Und grad wia mir Leut,
findts im Grab enker Ruah.

JOSEF MOSER

Das Micheldorfer Sensenmuseum: Detail und Außenansicht.

Wegen der großen Ausdehnung der Gemeinde sind die Hauptschüler auf sieben verschiedene Schulen in den Nachbarorten aufgeteilt. Die ruhige Lage des Ortes, fernab von frequentierten Durchzugsstraßen und luftverunreinigender Industrie, begünstigt eine rege Siedlungstätigkeit. Die neuen Gemeindebürger kommen vor allem aus Steyr, Garsten und Sierning. Auf zwei Betriebe sind die Aschacher stolz, nämlich auf einen Zweigbetrieb des Boh-

So läßt es sich nicht leugnen, daß auch gewissen Gewerben vorbehalten ist,
eine Gegend malerisch und vielfach bewegt zu gestalten.
Die Eisenmanufakturen an der Steyer, Enns und Krems sind meine Zeugen.
Diese brausenden Wasser, diese stäubenden Räder,
diese dampfenden Schlotte, diese sprühenden Essen, dieser betäubende Lärm
von dem donnernden Zerennhammer und dem klingenden Hammerschlag
vom sehnigen Arme des Schmiedes bis zum Geklapper der Nägelschlagerinnen hinab!
Was haften daran für landschaftliche Reize, für effektvolle Beleuchtungen,
was für kräftige Stellungen und Gestalten? Alles im Scheine lodernder Feuer,
fast auf offener Straße neben schäumenden Wogen mit hallendem Klang.

JULIUS VON DER TRAUN

Damals, als die Zeit noch einträchtig neben den Fuhrleuten die Straße entlang zog, blühten dem Kammergut im Westen und dem Tal der Eisenwurz im Süden die Sensenhämmer im Bergland am Pyhrn. Die Gewerken stauten das Wasser, sie brachten den grauen Zwiezach über die Pässe und ihre blanken Sensen weithin zu Markte. Reichtum und Ansehen stellten sich ein und blieben den Hammerherren sagenhaft treu.

MUNDL SCHÖNGRUBER, aus: Rauhreif, Erzählungen aus dem Bergland, S.7, Verlag Kleine Stieglitze

Historische Aufnahme aus Windischgarsten: Kinder beim Verpacken der Sensen.

rerproduzenten Stern (Strasek) aus Steyr und auf die Ladenbaufirma Storebest. 1988 wurde eine Hackschnitzelheizanlage eröffnet, die von 41 Landwirten betrieben wird und durch die die Häuser im Ortszentrum beheizt werden.
Der Struktur von Aschach ähnlich ist die Gemeinde Waldneukirchen, die sich jenseits der Steyr befindet. Die Kirche, 1180 erstmals erwähnt, stammt aus der Spätgotik. Sie ist den Heiligen Peter und Paul geweiht. 1740 versuchte der Besitzer der Herrschaft Steyr, Graf Lamberg, die Patronatsrechte an sich zu reißen. Sogar Kaiserin Maria Theresia wurde in dieser Sache bemüht. Nach jahrelangen Verhandlungen wurde der Streit beendet, und ab 1784 war wieder der Landesfürst Schutzherr der Pfarre. Der neugotische Flügelaltar wurde 1868 aufgestellt. Der Kirchturm ist der zweitgrößte Zwiebelturm von Oberösterreich. Einer der Pfarrherrn, Norbert Purschka, machte sich als Mundart- und Heimatdichter einen Namen.
Das größte Unternehmen der Gemeinde ist das Eloxier- und Pulverbeschichtungswerk Gruber. Daneben gibt es noch mehr als sechzig Gewerbebetriebe. Die Mehrheit der Arbeitnehmer Waldneukirchens muß jedoch auspendeln.

„Messerersteinbach" wird erneuert

„Messerersteinbach", so wurde früher Steinbach an der Steyr genannt, um den malerisch am rechten Ufer der Steyr gelegenen Ort von anderen Gemeinden besser unterscheiden zu können. Die Bezeichnung kam nicht von ungefähr, war doch Steinbach Sitz einer blühenden Kleineisenindustrie, wovon das „ehrsame Handwerk der kaiserlichen wohlbefreiten Messerer-, Klingenschmied- und Schleiferwerkstatt Steinbach" am bedeutendsten war. Dazu gehörten alle Meister dieses Handwerks im Umkreis von zwei Meilen (= 15,4 Kilometer).

Die Steinbacher Messerer sind erstmals in einer Urkunde des Bischofs von Freising, Nicodemus von Scala, erwähnt. 1462 wird erklärt, daß die Steinbacher Messerer ihren Jahrtag schon „lange Zeit von alter her" begangen haben. Sie verfertigten nicht nur Messer, sondern auch Schwerter, Degen, Säbel, Waidmesser und Taschenfeitel. Landesfürstliche Privilegien schützten die Steinbacher Messerer beim Einkauf des Eisens und beim Verkauf der Produkte. Das Messererhandwerk hatte ein eigenes Wappen: drei gekreuzte Schwerter, die von einer goldenen Krone umfaßt werden. Heute führt die Gemeinde Steinbach dieses Wappen.

Jährlich fand am Sonntag nach dem Steyrer Jahrmarkt, also am fünften Sonntag nach Ostern, in Steinbach der Messerer-Jahrtag statt. Da ging es hoch her. Nach dem Besuch des Gottesdienstes wurde die Herberge (das Zunftgasthaus) aufgesucht, wo jeder seinen Jahresbeitrag in die Zechlade einzahlte. Dann wurden ein neuer Zechmeister und zwei neue Fürmeister gewählt, worauf es ein Festmahl gab. Abends wurde getanzt.

1565 trennten sich die Steinbacher Messerergesellen von den Meistern und gründeten eine eigene „St. Barbara Zeche und Bruderschaft der Messerer-, Klingenschmied-, Scharsacher- und Schleifergesellen" mit eigenen Fürgesellen, eigenem Jahrtag (am Barbaratag), eigener Lade und Büchse (Kasse). Sie kauften 1586 das Gesellenhaus in Steinbach 43 auf der Hochgasse samt Schmiede und Fleischbank.

Wo heute die Reste der Messerfabrik in Steinbach stehen, befand sich früher die Schleiferwerkstatt. Schon 1577 hieß sie „Werchstat im Stainpach ob der Pruck". Auf dem ersten Bild des Ortes, einem Kupferstich aus 1693 sieht man oberhalb der Brücke das kleine gemauerte Schleiferhäusel und die niedrigen Blockhütten der sieben Schleifen mit ihren unterschlächtigen Wasserrädern. Etwa um 1700 kam dann noch eine Schleife dazu.

Die geschliffene und polierte Klinge kam zum Messerer, der das Handwerk als Hausindustrie ausübte. In Steinbach wohnten Messerer in 41 bürgerlichen Häusern und 11 Bauernhäusern. Der Messerer fertigte die Griffe an, machte die Messer zum Verkauf fertig und verkaufte sie. Als Hilfskräfte beschäftigte der Messerer Schalenmacher, auch „Schroter" oder „Müderer" genannt. Jeder Messerer hatte sein eigenes Zeichen, das ihm der Klingenschmied auf die Messerklinge aufschlug.

Geschäftstüchtige Messerverleger schwangen sich zu Großkaufleuten empor, die beachtliche Macht und großen Einfluß hatten. Ein Beispiel ist die Familie Gsellhofer, die so bedeutend war, daß Mitglieder sogar geadelt wurden. Am 2. Februar 1637 erhielt der Zechmeister und Amtsverwalter Wolf Sebald Gsellhofer vom Kaiser einen Wappenbrief. 1654 wurde er in den Adelsstand erhoben und durfte das Prädikat „von und zu Gselhofen" führen. Der Zechmeister wohnte mit seiner Gattin Maria in der Humpelmühle, zu der ein Sägewerk und noch fünf Häuser gehörten. Außerdem besaß er die Hörmühle in St. Nikola mit Sägewerk, das Neuhaus am Platz in Steinbach, die Bauerngüter Gsöllhof, Gratlehen, Steinfellner, Derfler, Kleinlehner, Steinwend, Reithub, Voitsberg, Faschingsleiten und Schaufelstatt, die Walter-

Die Eisenstraßen-Gemeinde Steinbach an der Steyr – eine dynamische Keimzelle des Zukunftsmodells „Dorfentwicklung".

mühle in der Forstau, sieben Schleifen des Handwerks, einen Lohstampf und etwa zehn Tagwerke Wiesen bei Ternberg und Molln. Sein Vermögen wurde auf 6570 Gulden geschätzt. Er hatte sein eigenes Badhaus und ließ einige Häuser prächtig ausstatten. Besonders schön sind die Tramdecken im Steinfellnergut aus dem Jahr 1640, nach Expertenmeinung die kunstvollsten Schnitzdecken im Steyrtal. Gesellhofer war auch einer von jenen Messerern, die mit Venedig Handel trieben, was von der Stadt Steyr nicht gern gesehen wurde, weil die dortigen Bürger vermeinten, ein diesbezügliches Monopol zu haben.

Mit dem Beginn der Industrialisierung im 19. Jahrhundert brachen schwere Zeiten für die Handwerker an. Sie konnten mit der billigeren Massenfertigung der Fabriken nicht Schritt halten und verarmten. 1896 wurde eine „Werksgenossenschaft der Messerschmiede" gegründet, die gemeinsam Erzeugung und Verkauf der Ware besorgte. Die Genossenschaft erbaute 1903 ein eigenes Elektrizitätswerk, das eine technische Revolution auslöste. 1921 wurde die Genossenschaft liquidiert. Später wurde die Messererinnung wieder aufgerichtet.

Während das alte Handwerk um sein wirtschaftliches Überleben kämpfte, begann der Aufstieg der neuen Messerfabriken. In Steinbach gab es die Fabrik des Johann Guger, die 1880 an Ludwig Werndl verkauft wurde. 1885 gehörte sie Ludwig Werndls Nachfolgern Mach & Dvorczak, die 77 Arbeiter beschäftigten. Aus diesem Betrieb ging die Firma Pils hervor, die zur drittgrößten Besteckfabrik des Landes wuchs. Sie hatte 195 Beschäftigte und eine Exportquote von 70 Prozent. Trotz guter Auftragslage mußte die Firma 1967 den Konkurs anmelden. Ab dieser Zeit steht das Fabriksgebäude leer.

Steinbach hatte ab diesem Zeitpunkt mit der Abwanderung zu kämpfen. Die ehemals blühende Gemeinde schlitterte in arge Bedrängnis. Durch die Eigeninitiative der Bevölkerung,

Industriedenkmäler, die es zu erhalten gilt.

an der Spitze Bürgermeister Ing. Karl Sieghartsleitner, wurde das Ruder herumgerissen und Steinbach zum Vorbild der Aktion „Dorferneuerung“ gemacht. Viele Häuser im Ortskern wurden renoviert. Viel Wert wird auch auf Feste und Veranstaltungen gelegt, wie zum Beispiel auf den Bauernmarkt, die Apfelausstellung oder den Steinbacher Adventkalender. An den beiden Kirtagen zu Bartholomäi (24. August) und am 1. Mai (Messerer-Kirtag) ist alles auf den Beinen. Jeden zweiten Sommer finden die Steinbacher Kulturwochen mit einem breitgefächerten Programm statt. Die Schaffung eines Messerermuseums im Innungsgebäude und eines Bildungshauses im alten Pfarrhof ist geplant.
Im April 1989 wurde erstmals ein „ökosozialer Modellbetrieb“ ausgezeichnet, und zwar der Bauernhof Gmachl in Forstau. Kriterien waren eine trotz sparsamstem Dünger- und Futtermittelzukauf gute Wirtschaftsführung, harmonische bauliche Gestaltung, Investitionen nur im Rahmen der finanziellen Möglichkeiten, Ordnung und Sauberkeit mit Liebe zum Detail, Aussetzen junger Mostobstbäume, sparsamer Energieverbrauch, hoher Selbstversorgungsgrad, harmonisches Zusammenleben von drei Generationen am Hof, Einvernehmen mit den Nachbarn, Bereitschaft zur Weiterbildung und zur überbetrieblichen Zusammenarbeit und Mitwirkung in der Dorfgemeinschaft.

Dorf ohne Kirche

Sieht man von Steinbach nach Grünburg hinüber, dann wundert man sich, daß dieser Ort keine Kirche hat. Einheimische können den Besucher aufklären: Grünburg ist eine Gemeinde, die sich entlang der Steyrtal-Bundesstraße mit einer Länge von 16 Kilometern erstreckt und die Orte Untergrünburg, Obergrünburg und Leonstein umfaßt. Obwohl Untergrünburg das Gemeindeamt, die Volks- und die Hauptschule, die Sparkasse und das Altersheim „besitzt“, befindet sich die Pfarrkirche in Obergrünburg. Und das hat historische Gründe. Die Kirche wurde nämlich auf dem Platz der alten „Grunenburg“ gebaut, einer Ritterburg, die erstmals 1130 in einer Urkunde auftaucht. Burgherr war Poppo I. von Grunenpurch, der ein Ministeriale (eine Art „Gebietsbeauftragter“) des Herzogs von Bayern war.
Ulricus I. von Grunenpurch gründete die Nikolauskirche bei Adlwang, die 1784 wegen Einsturzgefahr abgetragen wurde. Poppo III. übergab 1274 die erblich erhaltenen Patronatsrechte der Kirche Haidershofen an das Kloster Gleink. Die Burg wurde 1365 an Haug von Valkenstain verliehen. 1390 wurde die Burg gemeinsam mit der in Leonstein von Herzog Albrecht III. belagert und zerstört. Der Grünburger Besitz wurde der Herrschaft Steyr einverleibt, die die Reste der Burg zum Ausbau des bereits vorhandenen kleinen Gotteshauses freigab. Jedoch erst 1543 entstand eine eigene Pfarre.
Das bedeutendste Industrieunternehmen ist das Verpackungswerk Roman Bauernfeind, das als einer der modernsten Betriebe dieser Branche in Österreich gilt. Das Unternehmen entstand

Die Haunoldmühle bei Grünburg – eine Pappefabrik mit langer Tradition.

1945 als „Vollpappekartonagenfabrik". 1968 wurde mit dem Bau einer neuen Halle begonnen, der wenige Jahre später eine weitere folgte, in der eine 120 Meter lange Maschine steht, die Wellpappe in drei verschiedenen Höhen erzeugt. 1972 lief die Wellpappeerzeugung an. Eine Offsetdruckerei kann die Produkte nach den Wünschen der Kunden bedrucken.

Wenige Kilometer flußaufwärts sieht man direkt an der Steyr die Pappefabrik Haunoldmühle, die aus einer Sägemühle entstanden ist, die im 19. Jahrhundert in ein Eisenwalzwerk umgewandelt wurde. Robert Fuchs, Inhaber der „Böhmisch-Kamnitzer Papierfabriken", kaufte 1907 das Unternehmen, um dort eine moderne Wasserkraftschleiferei zu erbauen. Während der Bauarbeiten wurde die Fabrik auf Pappenerzeugung umgestellt. 1910 wurde die Erzeugung von Braunpappe aufgenommen, 1919 auch die Produktion von Graupappe. Zwischen 1928 und 1930 wurde der Betrieb erweitert. In den dreißiger Jahren wurde mit der Erzeugung von Bierglasuntersetzern begonnen. Heute werden 70 Mitarbeiter beschäftigt, und 95 Prozent der Erzeugnisse (Bierdeckel und Industriepappe) gehen in den Export.

„St. Stephan in Wienn“

Im Mittelalter gab es neben der Reichshauptstadt Wien einen kleinen Ort dieses Namens im Steyrtal. Die Ortschaft Leonstein hatte früher so geheißen. Den neuen Namen erhielt sie von der Burg, die auf dem Landsberg stand und als ersten Besitzer einen Bernhard von Lewensteine hatte, der aus dem Geschlecht der Rohrer abstammte. Während einer vierteljährigen Belagerung wurde die Burg 1390 erobert und gebrochen, wobei erstmals in Österreich eine Kanone eingesetzt wurde. Der eine der Rohrerbrüder, Wilhelm, flüchtete, während Wolfgang seinen Anteil dem Herzog verkaufte, der ihn 1397 damit wieder belehnte. Bernhard von Rohr verkaufte 1447 seinem Vetter Erhard von Zelking die Hälfte der Herrschaft, zu der ab 1459 auch ein eigenes Landgericht gehörte. Die Zelkinger bauten anstelle des Bauernhauses Feichta im einstigen Ort Wienn ein Schloß, das heue noch existiert und ein Jugendheim des Landes beherbergt.

Am Heindlbach, der unterhalb des Schlosses in die Steyr mündet, standen bis in unser Jahrhundert drei Sensenschmieden. Es war der nördlichste Standort im Steyrtal. Der Aufschwung dieses Gewerbes setzte im 16. Jahrhundert ein. Zuerst war es die Errichtung von Streckhämmern zur Eigenfertigung von Sensenknütteln, die die Sensenschmiede von ihren traditionellen Standorten in den Städten an die Bäche aufs Land hinauszog. Die gut beherrschbare Größe der Steyr-Nebenflüsse, der Krems und der Alm machte neben dem Holzreichtum der Wälder gerade sie zu bevorzugten Standorten neuer Sensenschmieden und den einstmaligen Barchentweberort Kirchdorf an der Krems zu ihrem Zentrum.

Der endgültige Durchbruch fand statt, als um das Jahr 1584 dem Micheldorfer Sensenschmied Konrad Eisvogel erstmals auch das Ausbreiten des Sensenblattes unter dem Wasserhammer gelang. Die Sensenerzeugung konnte nunmehr weitgehend arbeitsteilig und somit wesentlich rationeller als früher erfolgen.

Symbol einer Landschaft – die Sense als Gasthausschild. Rechts: Die Kirche von Leonstein.

Die Zunftordnung beschränkte aus Wettbewerbsgründen die tägliche Produktion auf 70 Sensen, die vom Meister persönlich gebreitet werden mußten. Nur in Ausnahmefällen durfte diese Arbeit von einem Essmeister übernommen werden. Essmeister, Hammerschmied und Abrichter bildeten als „Standknechte“ die Spitze der Beschäftigtenhierarchie, es folgten der Hammerschmiedheizer, der Beschneider und der Kramrichter als „Wochenknechte“ und noch weitere 13 bis 16 Arbeiter in verschiedenen Funktionen als „Schmiedbuben“. Wie die Bergleute am Erzberg und die Köhler waren auch die gelernten Sensenschmiede bis 1808 vom Militärdienst befreit, weil ihre Arbeit für die Allgemeinheit als sehr wichtig erachtet wurde.

In der Blütezeit gehörten zur Kirchdorf-Micheldorfer Zunft 17 Hämmer an der Krems, fünf an der Alm, 13 an Teichl und Pießling, drei an der Steyrling, einer bei Klaus, drei in Molln und drei in Leonstein. Dazu zählten noch vier „äußere“ Meister im Ennstal und drei im übrigen Traunviertel. In dieser Zeit benötigte allein

dieser Wirtschaftszweig jährlich zwischen 110.000 und 130.000 Raummeter Holz aus den Wäldern der Umgebung, deren ökonomische Versorgungsfunktion durch laufend angepaßte Waldordnungen sichergestellt werden mußte. (Man muß sich fragen, wie wohl heute unsere Wälder ohne diese bewußte Selbstbeschränkung aussehen würden?) Schon vor 1750 führte die Innung Klage über andere Zünfte, von deren Meistern Markenzeichen ihrer Werkstätten gefälscht wurden, um so aus dem hervorragenden Ruf der Kirchdorfer Sensenmarken Kapital zu schlagen. Große Probleme gab es besonders mit der Freistädter Zunft. Auch deutsche Sensenwerke in der Pfalz, im Schwarzwald, in Meissen, in Thüringen und am Unterrhein bedienten sich dieser unlauteren Praktiken.

Wachsende Zollbarrieren im 19. Jahrhundert führten zu Betriebsstillegungen und Unterbeschäftigung. 1848 sollen von den 42 Sensenhämmern im Traunviertel nur 12 beschäftigt gewesen sein. Einige Jahre später besserte sich die Lage im Osthandel wieder. 1859 wurde nach Einführung der Gewerbefreiheit die Kirchdorf-Micheldorfer Zunft durch eine Genossenschaft ersetzt. Trotz der Liberalisierung konnten sich die Werkstätten kaum entwickeln. Von 27 Werken in Oberösterreich beschäftigten 1887 nur 12 mehr als 20 Mann. Die Produktionskapazität war aber dreimal so hoch, wie in der alten Zunftordnung vorgeschrieben war. In den größeren Betrieben waren bis zu sechs Breithämmer im Einsatz. Die Einführung der Mähmaschine, das Anwachsen der internationalen Konkurrenz und weitere Zölle führten ab 1870 zu einem massenweisen Dahinsterben der Betriebe. Im Steyrtal konnte sich nur einer in die Gegenwart retten, nämlich das Sensenwerk „Franz de Paul Schröckenfux AG" in Roßleithen.

Die Pfarrkirche zu Leonstein, dem heiligen Stephan geweiht, weshalb sie im Mittelalter „St. Stephan zu Wienn" hieß, wurde gleichzeitig mit der Burg um 1320 von den Rohrern erbaut. Daneben steht eine gotische Friedhofskapelle in achteckiger Form. Zur Zeit der Reformation wurde über der ersten Kapelle eine zweite erbaut und die Friedhofsmauer aufgeführt. Die Kirche wurde 1743 erweitert.

Bedeutendster Kulturträger in Leonstein ist der Musikverein, der bereits vor mehr als 150 Jahren gegründet wurde. Die Musikkapelle kann als die Beste im Steyrtal bezeichnet werden, die bei Wertungsspielen immer mit höchsten Qualifikationen abschnitt. Rundfunkaufnahmen, Auftritte im Ausland und ein gesundes Vereinsleben, bei dem auch der Spaß nicht zu kurz kommt, zeichnen die Kapelle aus.

Maultrommeln und Skischuhe

Eingebettet zwischen bewaldeten Höhen, dort, wo sich das Tal der Steyr erstmalig zu weiten beginnt und die Krumme Steyrling – aus dem Bodinggraben kommend – sich in den Schoß der größeren Schwester, der Steyr, ergießt, liegt malerisch umrahmt vom Gaisberg, dem Schoberstein, der Zmollingspitze und dem Hambaum, mit dem Blick auf den Hohen Nock und den Großen Priel, der Markt Molln.

Molln wird erstmalig in einer Urkunde aus dem Kloster Garsten im Jahre 1233 erwähnt. Authentischen Schriften ist zu entnehmen, daß in Molln schon frühzeitig „eine rege Gewerbe- und Handelstätigkeit zu verzeichnen war", die Herzog Albrecht II. von Österreich im Jahre 1336 veranlaßte, Molln zum Markte zu erheben, und mit Rechten ausstattete, die zu dieser Zeit ungewöhnlich waren.

Durch Verpfändung des „Amtes Molln" durch die Burgherrschaft Steyr an das Kloster Spital a. P. im Jahre 1447 bzw. von diesem an die Herrschaft der „Ferenberger in Egenberg", 1526, ist, vermutlich durch die Kriege und Wirren im Laufe der Jahrhunderte, das Marktrecht verschollen.

Während im Sengsengebirge, am Priel und auf der Kremsmauer noch der Winter regiert, ist der Frühling schon ins Mollner Becken eingezogen.

1977 bekam Molln auf Grund der – durch den verdienstvollen Konsulenten SR Franz Kirchner nachgewiesenen – historischen Tatsachen das Marktrecht vom oö. Landtag neuerdings verliehen. Die Marktgemeinde ist als Gewerbe- und Industrieort im Bezirk Kirchdorf stets an einer führenden Stelle gewesen. Sogar Bergbau wurde in Molln betrieben. Die Anfänge reichen vermutlich ins 13. Jahrhundert zurück, urkundlich bezeugt ist er erstmals um 1570. Schürfstellen am Buchberg und an mehreren Orten am Gaisberg lieferten das Erz, das in einem Verhüttungsbetrieb in Gstadt an der Krummen Steyrling verarbeitet wurde. Geringe Mächtigkeit der Erzlager, kleiner Eisengehalt und Hochwasserschäden an den Verhüttungsanlagen verursachten laufend Schwierigkeiten und längere Betriebsunterbrechungen. Der Bergbau wurde von der Obrigkeit durch Verleihung außerordentlicher Privilegien gefördert und konnte sich bis etwa um 1790 behaupten. Spuren des Bergbaues, wie Stollenreste und Abraumhalden, sind heute noch im Bereich oberhalb der Gaisbergwiesen festzustellen.

Der Hüttenbetrieb in Gstadt mußte sich anderen Produkten zuwenden. Vorerst wurden Rohr- und Blechhämmer errichtet. Nach vielen

Eisen, die Musik machen: Maultrommeln aus Molln.

Widerständen der Zunft erteilte Kaiserin Maria Theresia 1780 das Privileg zur Aufnahme der Sensenproduktion, die bis 1962 Bestand hatte. Aus einem hervorragenden unternehmerischen Weitblick wurde die Produktion rechtzeitig und zukunftsweisend umgestellt. Der dynamische Firmeninhaber Roland Pießlinger hat das Unternehmen inzwischen zu einem der modernsten Eloxalbetriebe ausgebaut und ähnlich der früheren Sensenerzeugung erfolgreich am internationalen Markt verankert.
Mollns künstlerischen Mittelpunkt stellt der Pfarrhof dar, der 1734 von einem der subtilsten Architekten des oberösterreichischen Barocks, Gotthard Hayberger, errichtet wurde.

Von ihm stammen unter anderem das prachtvolle Rathaus in Steyr und etliche Bürgerhäuser.
Die spätgotische Kirche aus dem 15. Jahrhundert birgt als Kostbarkeit das Hochaltargemälde von Leopold Kupelwieser, einem Freund Schuberts, aus 1829, das Letzte Abendmahl darstellend.
Molln ist die Erzeugungsstätte eines ganz seltenen Musikinstruments, der Maultrommel. Der Ursprung dieses Handwerks geht ins 17. Jahrhundert zurück. Die Zunftakten beginnen mit dem Jahr 1679, die erste Handwerksordnung wurde 1690 unter Johann Maximilian Graf Lamberg erlassen. Molln ist der einzige Ort auf der ganzen Welt, wo seit nahezu 400 Jahren die Maultrommel erzeugt wird.
Angeblich ist das Instrument selbst seit dem 14. Jahrhundert bekannt. Ein zum Tod verurteiltes Mädchen namens Barbara sollte begnadigt

werden, wenn es etwas Besonderes erfände. In ihrer Not ersann Barbara die erste Maultrommel, deren wunderbarer Klang die Richter derart bezauberte, daß sie der Delinquentin die Freiheit schenkten.
Der Zauberton und die bescheidene Klangfülle machten die Maultrommel zum bevorzugten Ständcheninstrument. Etwa um 1832 wurde angeblich das „Brummeisen" von der Kirche verboten, weil es von Burschen zum „Fensterln" verwendet wurde, die dabei großen Erfolg erzielten. Wie es damals hieß, konnte „das Weib" den Tönen nicht widerstehen und öffnete das Fenster.
Ein anderes uraltes Gewerbe hat ebenfalls in Molln nachweislich vor etwa 650 Jahren seinen Ausgang genommen: das der Schaufelhacker und Holzschnitzler, welches wie kaum ein anderes Gewerbe die Ursprünglichkeit seiner rein handwerksmäßigen Führung bis zu seinem Aussterben (1951 ist die selbständige Zunft bzw. Genossenschaft erloschen) bewahrte.
Während also von diesem Gewerbe nichts erhalten blieb, setzte sich ein Betrieb einer völlig anderen Branche auf dem Weltmarkt durch. Die Ski- und Bergschuhfabrik Dachstein ist eines der größten Unternehmen in seinem Bereich. Gegründet wurde das Werk von Anton Lintner als Schuhmacherei. Sein Sohn Toni übernahm die Firma 1947 als 19jähriger und baute sie zur heutigen Größe aus. Mehr als 500 Mitarbeiter erzeugen jährlich 400.000 Ski- und Bergschuhe.

Die Schutzmantelmadonna

So seltsam es auch klingen mag: Offiziell gibt es keine Ortschaft Frauenstein. Alle Häuser der Gegend tragen die Ortsbezeichnung „Ramsau" und den Namen der Gemeinde Molln. Frauenstein ist strenggenommen nur die Bezeichnung der Pfarre und der Name des 502 Meter hohen Bergkegels, auf dem im Mittelalter eine Burg namens „Steyrstein" stand und nun die Kirche steht.
Berühmt wurde diese Kirche durch das Gnadenbild, die Schutzmantelmadonna. Das Meisterwerk des Gregor Erhart aus Ulm ist aus Lindenholz geschnitzt und stellt eine sitzende Muttergottes dar, unter deren Mantel acht Menschen knien. Gut zu erkennen ist unter ihnen Kaiser Maximilian I. Er ist porträtgetreu geschnitzt mit seiner charakteristischen Hakennase und der vorspringenden Unterlippe. Neben ihm betet einer seiner „Minister", der Ritter Florian Waldauf, und dahinter ein zweiter Gefolgsmann des Kaisers.
Nach einem Bericht des Ritters Waldauf fuhren er und der Kaiser am Dreikönigstag 1489 mit viel Volk und Gefangenen über die eisführende Zuidersee in Holland. In Sturm und Nebel wurde das Schiff durch Eisschollen leckgeschlagen. In höchster Not riefen die Passagiere Maria um Hilfe an. Da lichtete sich der Nebel, und das rettende Ufer wurde erreicht. Waldauf stiftete einen Schatz und eine Madonna in Hall bei Innsbruck, Kaiser Maximilian die Schutzmantelmadonna in Frauenstein.
Gegenüber von Frauenstein öffnet sich zwischen Kienberg und Hungerbichl ein kleines Seitental der Steyr, das in Schön ins Kremstal übergeht. Bevor man nach Micheldorf kommt, erblickt man den Georgenberg, das Wahrzeichen des oberen Kremstales. Auf der Kuppe errichteten schon die Kelten eine Wehranlage. Später bauten die Römer, die unten im Tal ihre Siedlung Tutatio anlegten, einen Tempel darüber. Auf frühchristlichem Fundament steht die Barockkirche, unweit davon auch hier wieder ein „Heiliger Brunnen", der auf die Kelten zurückgeht. Nahe dem Georgenberg krallt sich auf eine steile Felsklippe die Burg Altpernstein. Das heutige Gebäude stammt aus dem 16. Jahrhundert. 1630 übernahm das Stift Kremsmünster den Besitz. 1946 wurde daraus eine

Die Wallfahrtskirche von Frauenstein (gegen das Schillereck) und ihre Schutzmantelmadonna.

„Jugendburg", wo Kurse und Ferienwochen veranstaltet werden.
Die Burg ist auch ein beliebtes Ausflugsziel. Der Blick von dort ins Steyr- und Kremstal zeigt deutlich die Vielfältigkeit dieser Landschaft am Übergang vom Alpenvorland zum Hochgebirge. Nach dem Norden liegen die weiten Felder und satten Wiesen, nach dem Süden hin wird das Tal enger, die majestätischen Berggipfel, manche von ihnen fast das ganze Jahr über schneebedeckt, leuchten in der Abendsonne. Von den vielen Kirchtürmen, die man von hier heroben sieht, ist jener der Pfarrkirche Kirchdorf an der Krems der interessanteste. Über 1000 Jahre können wir die Geschichte von Kirchdorf, dem einstigen Barchentweberdorf, zurückverfolgen. Bereits 976 wird vom Bau einer Kirche in Oliuspespurg berichtet. 1283 hat Kirchdorf bereits Marktcharakter, und später untersteht der Markt der hochfürstlichen „Bamberg'schen Hofmark".
Das Sensenschmiedegewerbe – die Kirchdorfer-Micheldorfer Zunft K + M – war eines der mächtigsten im Lande, die Lederer, Hutmacher, Bierbrauer und viele andere tüchtige Gewerbezünfte sorgten für den Wohlstand des Marktes.

Abstecher ins Kremstal: Der Georgiberg, mit dem Teleobjektiv vor die Kulisse des Warschenecks gezaubert.

Die Kirchdorf-Micheldorfer Handelsbeziehungen reichten von Norddeutschland, Polen und Rußland bis hinunter nach Italien. 1795 wird Kirchdorf von Schlierbach freigekauft und 1850 selbständige politische Gemeinde.
1976 wurde Kirchdorf das Stadtrecht verliehen, der Ort hatte sich aber längst zu einem Behörden-, Schul- und Einkaufszentrum hochgearbeitet. Das Bezirkskrankenhaus hat – was die medizinische Versorgung anlangt – einen ausgezeichneten Ruf in der ganzen Region.
Mächtig und das Tal beherrschend liegt als behäbiger Gebirgsstock die Kremsmauer vor uns. Am vorgelagerten Turnhamberg sind die Aufwinde gut, und die Segelflieger, Schirmgleiter und Drachenflieger nützen die aerodynamischen Gegebenheiten für ihr Hobby.
Auch Micheldorf ist uralter Siedlungsboden, Funde am Humsenbauernkogel und Ausgrabungen am Gräberfeld in Kremsdorf sowie die erst vor wenigen Jahrzehnten freigelegten Grundmauern einer römischen Befestigungsanlage am Georgiberg und die freigelegte Apsis einer frühchristlichen Kirche am Georgiberg beweisen dies.

Kirchdorf an der Krems: Stadtpfarrkirche.

Eingangstor der Burg Altpernstein.

Wieder Bedeutung erlangte der Ort zur Blütezeit der Sensenschmiede, insbesondere seit der erwähnten Erfindung des Wasserhammers durch Konrad Eisvogel, welche die Sensenerzeugung revolutionierte. Bis in unsere Zeit haben Erfindergeist und hochqualifizierte Facharbeiter die wirtschaftliche Kraft der Gemeinde bestimmt. Produkte aus Micheldorf vor allem im Bereich der Metallverarbeitung, der Kunststoffindustrie und des Werkzeugbaus genießen weltweit Bedeutung.
Durch Jahrhunderte wurde der Ort von den Sensengewerken, den Hammerherren, ihrem Unternehmergeist, ihrem kulturellen und künstlerischen Verständnis geprägt.
Die Gradn-Werkstatt wahrte die Tradition bis in die sechziger Jahre. Um wenigstens die Erinnerung an die alte Zunft zu erhalten, wurde die Werkstatt in ein Sensenschmiedemuseum umgewandelt.
Nach dem weiten Becken um Frauenstein verengt sich bei Klaus das Steyrtal wieder. Wegen seiner leicht zu verteidigenden Lage dürfte Klaus (spätlateinisch clausum = Enge) schon bei den Römern befestigt gewesen sein. 1192 wurde der Ort erstmals urkundlich erwähnt, als ein

Ein festliches Konzert in der Bergkirche von Klaus im Rahmen des „Musiksommers Klaus".

Udalschalcus de Cluse den landesfürstlichen Besitz verwaltete. Sitz der Herrschaft war die Burg Klaus, die nach bewegter Vergangenheit zur Ruine wurde. 1576 erbaute Ulrich von Storch das neue Schloß unterhalb der Burg. 1618 wurde oberhalb dieser Anlage die Pfarrkirche gebaut. Am 1. Mai 1674 wurde die Kirche als katholische Pfarrkirche von Klaus zu Ehren des hl. Johannes Bapt. eingeweiht. Aus dieser Zeit stammen auch die Fresken und Stuckarbeiten des Brüsseler Malers und Pfarrers von Leonstein Casparus Podevin. Über zwei Jahrhunderte waren sie übertüncht, bis der Pfarrer P. Franz Dutzler den Entschluß faßte, die Farbschichten abheben zu lassen. Vom Ergebnis der Restaurierung waren selbst Kunstexperten überwältigt. Seit 1962 werden in der frühbarocken Bergkirche „Konzerte bei Kerzenschein" veranstaltet. Nicht minder geglückt ist auch die Restaurierung der Pfarrhofkapelle im Dorf, die Pfarrer P. Gerhard Peterseil 1985 abschließen konnte.
Das Schloß, das seit Jahrzehnten von einem evangelischen Jugendverein gepachtet ist, wurde ausgebaut. Zuletzt wurde auch die Ruine von den Schuttmassen befreit, mit einem Dach versehen und in das Jugendheim einbezogen.
Steyrling, wenige Kilometer von Klaus entfernt, aber zur Gemeinde gehörig, ist ein kleiner Sommerfrischeort. 1886 wurde Steyrling als selbständige Pfarre aus dem Pfarrsprengel von Klaus ausgeschieden. Die Pfarrkirche wurde 1833 eingeweiht.
Das Kalkwerk Steyrling, der größte Betrieb der Gegend, erzeugt jährlich 180.000 Tonnen Branntkalk und 250.000 Tonnen Kalkstein-Splitt für die Hüttenwerke der VÖEST Alpine Linz und Donawitz.

Der Berg aller Berge im Stodertal – die Spitzmauer mit der ersten Morgensonne in der Ostwand.

Ein Matterhorn im Stodertal

Eines der schönsten Alpentäler ist das Stodertal, das zwar vom Oberlauf der Steyr durchflossen ist, aber doch einen eigenen Namen hat. Eine grandiose Bergwelt umgibt den Ort Hinterstoder. Der Große Priel (2514 Meter) und die Spitzmauer (2446 Meter) – auch Matterhorn des Toten Gebirges genannt – beherrschen die Szenerie. Die Natur hat das Stodertal überaus reich beschenkt, und die Einheimischen tun das ihre dazu, daß dem Gast ein Aufenthalt in Hinterstoder in denkbar bester Erinnerung bleibt. Einer der berühmtesten Besucher, der englische Landschaftsmaler Edward Th. Compton, soll gesagt haben: „Ich habe noch kaum je ein Tal von so mannigfaltiger Schönheit der Formationen in den ganzen Alpen gesehen."

Zu jeder Jahreszeit hat das Stodertal seine besonderen Reize. Wegen des nebelfreien Klimas, der weitläufigen Wälder und einer interessanten Flora ist Hinterstoder eine beliebte Sommerfrische. Seit Erschließung der Hutterer Höß und der Bärenalm durch Seilbahnen und Lifte,

ist Hinterstoder auch als Skiparadies bekannt. Die Entwicklung des sportlichen Skilaufes begann in Oberösterreich zwar in Spital am Pyhrn, wo 1905 auf der Wurzeralm das erste Skiheim eingerichtet wurde. Aber schon 1912 wurde in Hinterstoder von Oberförster Leopold Hummelberger der „Wintersportverein Stodertal" gegründet (Hummelberger gründete 1921 auch den Landes-Skiverband Oberösterreich). Im ersten Winter wurde bereits das erste alpine „Ski-Preisfahren" veranstaltet. Ein großes Vorbild für die Jugend wurde der Hinterstoderer Förster Franz Kniewasser (vulgo Haarschlager), der sich 1927, 1928 und 1929 den oberösterreichischen Ski-Landesmeistertitel erkämpfte. 1930 wurde er sogar österreichischer Staatsmeister in der Kombination Lang-, Tor- und Sprunglauf. Er aktivierte die Jugend seiner Heimat derart, daß die Wagnereien in Hinterstoder, Roßleithen, Klaus/Kniewas, Windischgarsten und Spital, aber auch in Molln, sich nun auf die Eschenholzski-Erzeugung konzentrierten.
Schon bald nach Beendigung des Zweiten Weltkrieges wurde 1948 in Hinterstoder durch den Skilehrer Georg Saxenhuber aus Steyr der erste Skilift des Pyhrn-Priel-Gebietes gebaut. Der Lift war 230 Meter lang. Die Skiläufer stellten sich auf einen zweieinhalb Meter langen Schlitten, der mit einer Haltestange versehen war, und ließen sich bergauf ziehen. Nach Beendigung der Wintersaison hatte man eine weit trivialere Verwendung für den Lift: Er wurde zum Mistführen benutzt. In Windischgarsten ging am Wurbauerkogel der erste provisorische Skilift in Betrieb. Der Sessellift Wurbauerkogel wurde 1958 gebaut. Ein Jahr später wurde in Hinterstoder der erste Doppelsessellift auf die Hutterer Böden in Betrieb genommen. 1962 folgte die Wurzeralmbahn in Spital und 1969 der Bärenalm-Doppelsessellift in Hinterstoder. Der Winterfremdenverkehr nahm einen riesigen

Unterwegs wie die Skipioniere: Auf dem Tragl.

Aufschwung, und die Wintersaisonen übertrafen bei weitem die Sommersaisonen.
Erfolgreiche Skirennen wurden mit der Veranstaltung von Weltcup-Slaloms gekrönt. Das Skilaufen entwickelte sich zu einem beliebten Volkssport und der Schneereichtum im Stodertal erwieß sich als „weißes Gold". Zahlreiche Einwohner leben direkt oder indirekt vom Fremdenverkehr, zumal in der Landwirtschaft aufgrund der Mechanisierung nur mehr wenige Menschen Beschäftigung finden. Aber ein totaler Ausverkauf der Landschaft muß vermieden werden, das wissen die Stoderer, denn die Gäste aus den Ballungszentren werden den Erholungswert ihres Urlaubsgebietes in Zukunft noch mehr nach der gesunden Natur beurteilen.
Die Landwirtschaft im Stodertal ist etwas anders gelagert als im unteren Steyrtal. Die meisten Höfe sind überdurchschnittlich groß. Manche haben sogar eine eigene Jagd. Während im höher gelegenen, kleineren Vorderstoder nicht nur der Grundbesitz in der eigenen Gemeinde einheimischen Bauern gehört, sondern auch Almen und Wälder in Hinterstoder und anderswo, hat die Landwirtschaft in Hinterstoder nur noch eine marginale Bedeutung. Dabei gab es ursprünglich gerade in dieser Gemeinde zahlreiche riesige Höfe (der größte umfaßte fast unglaubliche 1375 Hektar, also fast vierzehn Quadratkilometer). Diese gewaltigen bäuerlichen Eigenjagdbetriebe zogen reiche Adelige an, die insbesondere in der zweiten Hälfte des vorigen Jahrhunderts Almen und Wälder, ja ganze Höfe, zusammenkauften und dafür auch hohe Preise bezahlten. Unter ihnen befand sich auch der Herzog von Württemberg. Damals ging viel bäuerliche Substanz verloren. Dies führte auch zu einer radikalen Änderung der Bodennutzung. 1826 gab es in Hinterstoder 54 Almen, heute sind nur noch 14 bestoßen, davon nur noch zwei auf der Prielseite. Die neuen Herren waren primär an der Jagd interessiert. Landwirtschaftliche Gründe wurden

Kletterer am Großen Priel.

nur erhalten, soweit sie als Äsungsflächen für das Wild benötigt wurden. Natürlich gibt es im Stodertal nicht nur Großbauern, sondern auch kleine und kleinste Höfe mit einem sehr knappen Einkommen. Daher ist es gut, daß die Seilbahnen im Winter Nebenerwerbsmöglichkeiten bieten.
Die traditionelle Hofform im Stodertal ist der „Haufenhof", der aus einer Gebäudegruppe mit bis zu einem Dutzend Einzelobjekten besteht, inklusive Getreidekasten, Bienenhütte und „Häuschen mit Herz", das manchmal „doppelschissig" ausgeführt war, also mit zwei Löchern.

Abendstimmung am Hohen Nock: Unvergeßliche Bergerlebnisse über dem Steyrtal.

Das traditionelle Wohnhaus ist eingeschossig, hat ein schindelgedecktes, steiles Satteldach mit Schopf und duckt sich bescheiden neben den Wirtschaftsgebäuden in die Landschaft. Es ist aber geräumiger, als man von außen vermuten würde. Besonders die Größe der Stube, über die sich eine dunkle Holzdecke mit mächtigem Trambalken spannt, überrascht. Die ursprüngliche „schwarze Küche" (Rauchküche) galt bald als Symbol der Rückständigkeit und war schon vor hundert Jahren fast verschwunden.

Eine Pfarre besteht in Hinterstoder erst seit dem 18. Jahrhundert, als das Kollegiatstift Spital unter Propst Josef Grundner den Entschluß faßte, im „inneren Stoder" eine selbständige Pfarre zu errichten. Dieser Entschluß wurde auf Antrieb Kaiser Josephs II. gefaßt. Stiftungen schufen die finanzielle Basis. Vom Stift wurde das „Gütl am Kleinbruderhof" (heute Pfarrhof) für den zukünftigen Pfarrer angekauft und dessen Erträge ihm zugewiesen. 1783 wurde mit dem Bau der Kirche begonnen, die in zwei Jahren fertiggestellt wurde. Der erste Pfarrer wurde 1787 ernannt. Von diesem Tag an war Hinterstoder seelsorglich unabhängig.

Ein Wallfahrtsort für Monarchisten?

Die älteste Leopoldskirche der Welt steht nicht auf dem Leopoldsberg bei Wien, sondern in Vorderstoder. Wie die Pfarrkirche zu Vorderstoder in Oberösterreich, dem Land der Florianverehrung, den habsburgischen Hausheiligen als Patron erhielt, das ist eine recht seltsame Geschichte. Ursprünglich hieß das Kirchlein auf dem Weg ins „Stader" Maria am Stein, und im Volksbewußtsein blieb es ein Marienkirchlein bis in unsere Tage. Der Schutzpatron wurde von oben verordnet, und oben bedeutete damals der Dechant zu Spital. Das Stift war Bauherr und wählte den hl. Leopold als Schutzpatron aus. Die Kirche wurde 1507 geweiht.
Die damaligen Habsburger betrachteten die Babenberger als ihre leiblichen Vorfahren und strebten nach einem Heiligen aus ihrer Familie. Dabei fiel die Wahl auf Markgraf Leopold. Kaiser Friedrich erreichte die Einleitung des Heiligsprechungsprozesses, und mit den Untersuchungen wurde niemand anderer als ein ehemaliger Dechant von Spital, der Bischof von Petena geworden war, beauftragt. Die Verbindung zu Spital und damit zu Vorderstoder war deshalb gegeben.
Nach dem Tod Kaiser Friedrichs kam mit Maximilian wieder ein Leopoldverehrer auf den Thron. Dieser Kaiser besuchte sogar Spital und gewährte dem durch einen verheerenden Brand in Not geratenen Stift einen großzügigen Steuernachlaß. Inzwischen war 1658 Leopold zur Ehre der Altäre erhoben worden, der Bau der Vorderstoderer Kirche näherte sich dem Abschluß, und so bot sich eine günstige Gelegenheit, dem Kaiserhaus seine Dankbarkeit zu erweisen. Vorderstoder erhielt als erste Kirche den heiligen Leopold zum Schutzpatron. Ein Wallfahrtsort für Monarchisten ist der Ort dennoch nicht geworden.
Unweit von Vorderstoder, an der Bezirksstraße nach Roßleithen, gibt es eine Kapelle, die aus einem schaurigen Anlaß entstanden ist. An der hinteren Außenwand ist die Legende um die Filzmoserkapelle aufgemalt: „Zur Niederschlagung der Bauernerhebung Stoders gegen die Herrschaft Spital am Pyhrn wurden im Jahre 1597 auf der östlich der Kapelle stehenden Lind die protestantischen Anführer Filzmoser Eckhart und Michl im Hof gehenkt und die Höfe niedergebrannt."
Die zur Erinnerung errichtete Kapelle, sie wurde erstmals 1700 als Salvatorkapelle bezeichnet, soll mit dem Eingang und den beiden inzwischen fast zugemauerten Fenstern in Richtung der Höfe jener Rädelsführer zeigen. Das schmiedeeiserne Abschlußgitter von 1719 schuf der Kunstschmied Andreas Lindermayr aus Spital. 1820 stiftete der Hammerherr Franz de Paul Zeitlinger, Besitzer des Sensenwerkes Kaixen bei Roßleithen, eine spätgotische Johannes- und Marienstatue.

Im Garstnertal

Die Steyr mußte sich am Oberlauf eine Amputation gefallen lassen. Von den beiden Flüssen, die sich bei Steyrbrücke in den Klauser Stausee ergießen, trägt nämlich der kleinere, gar um zehn Kilometer kürzere Ast, der aus dem Stodertal kommt, den Namen Steyr. Die Teichl, der andere der beiden Flüsse, behält noch dazu die Richtung ihrer Strömung bei. Als größerer Fluß hätte sie mit dem Namen Steyr belegt werden müssen. Warum das nicht geschah, ist nicht bekannt.
Antwort könnten vielleicht die Urbewohner geben. Nach dem Zusammenbruch des Römischen Reiches und dem Abzug der meisten Romanen entstand bevölkerungsmäßig ein Vakuum, das von Slawen aufgefüllt wurde. Die Besiedlung des Garstnertales dürfte von Süden her, über den Pyhrn erfolgt sein. Die Grenze zu den westlichen Nachbarn, den Baiern, verlief westlich des Krems- und Steyrtales. Die Baiern

St. Pankraz, ein stilles Dorf an der Teichl.

nannten ihre slowenischen Nachbarn Wenden und scheinen sich mit ihnen gut vertragen zu haben. Das änderte sich auch nicht, als sich die Baiern nach und nach in immer größerer Zahl im wendischen Siedlungsgebiet niederließen. Die Baiern übernahmen von den Wenden fast alle Berg- und Flußnamen.
Bevor man in das eigentliche Garstnertal kommt, fährt man an einem kleinen Ort vorbei, an St. Pankraz. Schon von weitem grüßt der schlanke Kirchturm. Durch ein Tor im Turm betritt man die Kirche, die aus einem einzigen, einfachen Zentralraum mit zwei gegenüberliegenden Kapellen besteht, deren Netzrippen auf die gleiche Entstehungszeit wie das Hauptschiff weisen.
Der in warmen Braun- und Rottönen gehaltene Hochaltar stammt aus dem Barock. Ganz oben ist der Teufel zu sehen, wie ihm der Erzengel Michael mit flammendem Schwert siegreich den Fuß auf die Brust setzt. Auch unterhalb geht es kriegerisch zu. Das Altarbild zeigt nämlich die Enthauptung des 14jährigen Pankratius in Rom. Wie sich seine Verehrung bis ins Teichltal ausgebreitet hat, ist eine recht unheilige Geschichte. König Arnulf von Kärnten eroberte

895 just am Pankratiustag Rom. Aus Dankbarkeit förderte er die Pankratiusverehrung und machte ihn zum beliebten Heiligen der Ritter. Es ist anzunehmen, daß die Ritter von Klaus bei der Wahl des Schutzpatrons für die Kirche von Gschwendt – so hieß St. Pankraz früher – ihren Einfluß geltend gemacht haben.
Das Hochaltarbild wird Martin Altomonte zugeschrieben. Auch von seinem berühmten Sohn Bartolomeo finden wir in der Kirche zwei Gemälde, nämlich die Seitenaltarbilder. Beachtung verdienen auch die Kreuzwegbilder, die Merkmale des Barockmalers Wolfgang Andreas Heindl zeigen. Die Rahmen stammen aus der Lambacher Werkstatt des Bildhauers Franz Xaver Leithner. Von ihm stammen auch die Kanzel und wahrscheinlich die Figuren auf dem Hochaltar. Alles in allem eine einheitlich gediegene barocke Innenausstattung.

Ein Kelte in römischen Diensten

Der älteste namentlich nachweisbare Garstnertaler dürfte der Kelte Sullus gewesen sein. Wir haben von ihm Kunde, weil er im Römerlager Gabromagus/Windischgarsten seinen Namen in eine irdene Schüssel geritzt hat. Das Bruchstück mit seinem Namenszug kam 1984 zutage. Sullus dürfte um 200 nach Christus gelebt haben. Damals wurden die Donaugrenze, der Limes, befestigt und die Nachschublinien nach Süden gesichert. Eine der wichtigsten Verbindungen führte von Wels über den Pyhrn nach Virunum in Kärnten.
Aus einer antiken Straßenkarte kennen wir die Namen der Rastplätze. Bis auf einen stammen sie alle aus dem Keltischen: Stiriate war Liezen, Gabromagus wurde in Windischgarsten ergraben. Ernolatia ist noch nicht lokalisiert, es müßte in Dirnbach bei St. Pankraz zu suchen sein. Tutatio war in Kremsdorf bei Micheldorf,

Windischgarsten; mit Kleinem und Großem Pyhrgas.

Vetonianae in der Gegend von Voitsdorf bei Ried im Traunkreis. Die römische Reichsstraße endete in Ovilava/Wels. Dieser Umstand wirkt bis in unsere Tage, denn die B 138 geht auch von Wels aus und nicht von Linz, wie man eigentlich erwarten könnte.
In Windischgarsten wurde mehrmals nach den Resten der römischen Poststation gegraben. Die meisten Fundgegenstände befinden sich im oberösterreichischen Landesmuseum. Die bei anderen Bauarbeiten immer wieder auftauchenden Funde wurden von Hobbyarchäologen gesammelt und im Windischgarstner Heimatmuseum ausgestellt. Das bei weitem wertvollste und bedeutendste Stück ist eine Bronzekanne, die in ihrer Eleganz und in ihrem ausgezeichneten Erhaltungszustand eine österreichische Rarität darstellt.

Bamberg, Gleink und Spital

Im Hochmittelalter hatte das 1007 gegründete Hochstift Bamberg Besitzungen im Garstnertal. Es wurde die große Pfarre Wartberg-Kirchdorf geschaffen, zu der diese Gegend ursprünglich gehörte. 1123 wurde das Stift Gleink bei Steyr gegründet, dem Bamberg die Gleinkerau und das Gebiet um den Gleinkersee schenkte. Das dritte Stift mit Besitzungen in der Gegend war Spital, von dem noch die Rede sein wird.
Wann die Kirche in Windischgarsten erbaut wurde, läßt sich nicht mit Bestimmtheit sagen, weil die Urkunden inhaltlich differieren. Die Angaben reichen von 1119 bis 1164. Die Kirche wurde in der Spätgotik von Grund auf neu errichtet. Die Weihe zu Ehren des heiligen Jakob des Älteren erfolgte im August 1462. An die Gründerzeit erinnern heute nur mehr der netzrippengewölbte Altarraum mit den spitzbogigen Fenstern, außen die Strebepfeiler und der mächtige Turm. Der Taufstein stammt aus der Renaissance. Die vorzügliche Steinmetzarbeit zeigt die beliebte Muschelform.
Im Barock mußte der gotische Altar weichen, das mittlere Chorfenster wurde zugemauert und davor der neue Hochaltar aufgestellt. Von den frühbarocken Figuren sind der hl. Florian und der hl. Sebastian erhalten. Zu ihnen gesellten sich die hochbarocken Statuen des hl. Johannes Ev. und des hl. Martin. Ein wahres Prachtstück aus Schmiedeeisen ist das Schoiswohlkreuz beim Eingang zur Marienkapelle. Kunstkritiker bezeichnen es als das schönste schmiedeeiserne Kreuz Europas. Wohl zum wertvollsten Besitz der Kirche gehören die beiden Seitenaltäre, die früher im Stift Spital gestanden sein dürften. Sie stammen vom berühmten Martin Johann Schmidt, dem „Kremser Schmidt", und zeigen den Tod der hl. Scholastika und die hl. Anna.
Eine zweite Kirche gibt es in Windischgarsten, nämlich jene auf dem Kalvarienberg. Schon 1775 wurde dort eine Kapelle errichtet. Sie war bald zu klein, und so begann Pfarrer Knoll 1843 mit einem Erweiterungsbau. 1844 weihte Bischof Gregor Thomas Ziegler die Kirche und verkündete einen Ablaß. Die Bildstöcke am Weg zur Kirche wurden zuletzt ab 1980 renoviert.

Am Fuß des Hengstpasses

Rosenau am Hengstpaß ist eine Fremdenverkehrsgemeinde, die mit Roßleithen und Edlbach im Tourismusverband „Garstnertal" zusammengefaßt ist. Das Gebiet der Gemeinde, die auf einer Seehöhe von 700 Metern liegt, erreicht zwar die beachtlichen Ausmaße von mehr als 108 Quadratkilometern, doch liegt die Einwohnerzahl nur knapp über 900. Ein Teil der Gemeinde reicht sogar über das Sengsengebirge hinüber in das Tal der Krummen Steyrling, wo am Rotgsol in vergangenen Zeiten Brauneisenstein abgebaut wurde.
Neben dem Pyhrn besteht durch den Hengstpaß eine zweite Verbindung zwischen Garstnertal

Zwei Türme, ein Begriff: Der „Dom am Pyhrn".

und Ennstal. Die Straße, bis vor einigen Jahren noch sehr kurvenreich, schmal und steil, wurde laufend ausgebaut. Hinderlich für den Verkehr in der Wintersaison waren immer die gefährlichen Lawinenabgänge, die durch Verbauten allmählich unter Kontrolle gebracht wurden. In Rosenau befindet sich mit dem Holzplatten- und Furnierwerk ein bedeutendes Industrieunternehmen, in dem nicht nur zahlreiche Gemeindebürger Beschäftigung finden, sondern auch aus den umliegenden Gemeinden Pendler in den Ort kommen.

Vom Hospital zum Skizentrum

Auf eine jahrhundertelange Tradition im Tourismus kann Spital am Pyhrn hinweisen. Wie schon der Name sagt, diente das Stift, um das der Ort entstand, im Mittelalter vorwiegend als Hospiz für die Reisenden über den Pyhrnpaß, der damals wie heute eine bedeutende Verkehrsfunktion erfüllte.
1190, zur Zeit des dritten Kreuzzuges, verlegte Bischof Otto II. von Bamberg ein bereits bestehendes Hospital von Edlbach näher an den Paß

Abschlußgitter von Ferdinand Andreas Lindermayr.

Rechts: Innenansicht der ehemaligen Stiftskirche.

und gründete dadurch das Hospiz am Pyhrn. Es hatte die Aufgabe, für das Wohl der Wallfahrer und Kreuzritter zu sorgen. 1199 wurde die erste Kirche geweiht. 1418 wurde das Hospital in ein Kollegiatsstift umgewandelt. Zwölf Geistlichen stand ein Dechant vor. Zur Zeit des Protestantismus gab es einen gehörigen Wirbel, als eine Visitationskommission feststellte, daß alle Chorherren beweibt seien und das Stift vollkommen verweltlicht sei.

1714 wurde mit dem Bau der barocken Stiftskirche begonnen, einem architektonischen Juwel. Der „Dom am Pyhrn" ist 56 Meter lang, 22 Meter breit und 23 Meter hoch und wurde vom berühmten Johann Michael Prunner aus Linz erbaut. Die Fassade besteht aus Naturstein, und als bei der jüngsten Renovierung ein passender Dolomitsandstein gebraucht wurde, mußte man den alten Riepelsberger Steinbruch, der schon in der Erbauungszeit genützt worden war, wieder eröffnen.

Großartig ist das riesige Fresko, das den ganzen Chorraum überzieht. Es stammt von Bartolomeo Altomonte und stellt die Himmelfahrt Mariens dar. Mit genialer Hand übernahm der Künstler die Gesimse des Langhauses in sein Fresko und erzeugte die Illusion eines weiten, tiefen Raumes. Er täuschte das Auge, indem er lichtspendende Fenster erfand, und ließ den Himmel mit jubelnden Engeln sich öffnen und

Stühle aus der Kirche St. Leonhard.

Maria auf einer Wolke der Dreifaltigkeit entgegenschweben. Auch der zierliche Altar mit seinen zwölf Säulen aus Carrara-Marmor nimmt auf die Fresken Rücksicht.

Vom Maler Martin Johann Schmidt, besser bekannt als „Kremser Schmidt", sind gleich vier seiner bedeutendsten Werke in den vorderen Seitenkapellen zu sehen. Sie zeigen typische Merkmale des Meisters. Das Licht hat himmlische Quellen, schafft Andacht und betont die Aussage. Und gegenüber, am Abschlußgitter, zeigte der Spitaler Stiftsschmied Ferdinand Andreas Lindermayr sein Können.

Im Stiftsgebäude, heute im Besitz der Bundesforste, wurde 1979 das erste Felsbildermuseum Europas eingerichtet, das auf die urzeitlichen Steinritzungen von der „Höll" im Warscheneckgebiet Bezug nimmt. 1956 hatte dort der Jäger Franz Gressenbauer rätselhafte Felsbilder entdeckt.

Nach der Besichtigung des Barockjuwels sollte man noch einen Blick auf ein Kleinod aus der Gotik werfen. Neben der Straße zum Pyhrnpaß steht auf einem Felsen St. Leonhard, das Fried-

Links: Felszeichnungen in der „Höll".
Innenansicht der gotischen Kirche St. Leonhard.

hofskirchlein von Spital. Eigentlich sind es zwei Kirchen. Die Unterkirche ist so hoch wie der Felsen und schließt direkt an ihn an. Die Oberkirche konnte über beide, Unterkirche und Felsen, gebaut werden. Bei der Renovierung 1973–75 wurde eine prachtvolle Ausmalung freigelegt, aber auch schöne Steinmetzarbeiten sind zu bewundern.
Unweit der Kirche nehmen zwei Tunnels den Verkehr auf. Bereits 1901 wurde der Bau des Bosruck-Tunnels für die Eisenbahn begonnen, der den Berg in einer Länge von 4763 Metern durchquert. Der Festspruch beim Spatenstich lautete:

„Bosruck sei gscheid,
und mach uns a Freud,
laß dich anbohrn schön gschwind
von vorn und von hint,
denn die Bahn
ist kein Wahn,
sie tut uns not
wie das tägliche Brot!“

Ein historischer Augenblick: Der Durchstich des Bosrucktunnels.

Die Arbeiten wurden durch ungeheure Wassereinbrüche erschwert. Der Kampf gegen den Berg ging aber weiter, und 1905 kam es zum langersehnten Tunneldurchschlag. Ein Jahr später wurde der Tunnel feierlich eingeweiht. Knapp achtzig Jahre später wurde fast parallel der Autobahntunnel durch den Berg geschlagen.
Einen gewaltigen Aufschwung erzielte der Tourismus in Spital am Pyhrn, als 1978 die rund drei Kilometer lange Standseilbahn auf die Wurzeralm in Betrieb genommen wurde. Sie kann in der Stunde 1200 Personen befördern. Gleichzeitig wurden die Parkplätze erweitert, ein Doppelsessellift am Hahnlgraben, ein Restaurant und eine neue Abfahrt gebaut. In Spital selbst wurde ein „Panorama-Hallenbad" errichtet, um den Gästen auch bei Schlechtwetter sportliche Betätigung bieten zu können. Seither zählt Spital neben Hinterstoder zu den Skizentren Oberösterreichs.
Der Ort und die Umgebung blühen nicht nur als Tourismuszentren, sondern auch als aufstrebende Industriestandorte, wie die Firmen Mark & Söhne und DANA-Türen beweisen. Die touristische Orientierung des Garstnertales wird somit ergänzt durch industrielle Aktivitäten und Engagements.

Das Sensenwerk Agonitz nach dem Hochwasser von 1899.

Linkes Bild: Arbeiter beim Bau des Bosrucktunnels.

Das „eiserne" Steyrtal

Die Wirtschaft im Steyrtal war in früheren Zeiten stark von der Eisenverarbeitung geprägt. Darauf besinnt man sich jetzt wieder, denn es ist geplant, das Tal in die 1996 geplante Landesausstellung zum Thema „Eisen und Erz" einzubinden. In erster Linie waren es die Sensenschmieden, die große Bedeutung hatten:

In Leonstein am Heindlbach: Prietal, Schmiedleiten, Furt; in alter Zeit noch der Lanzenhammer.

In Molln an der Krummen Steyrling: Strub, Gstadt, Schmied am Hammer.

An der Palten: Koller in der Ramsau.

In Klaus am Pießlingbach: Graben.

In Steyrling an der Steyrling: Grünanger, An der Schleiffen, Am Hirschenstein.

In Hinterstoder am Loigisbach: Paderau (in älterer Zeit).

In St. Pankraz an der Teichl: Helml (Dirnbach).

In Roßleithen an der Pießling: Roßleithen, Kaixen, Pießling.

In Windischgarsten (früher Drahtzug) und Rosenau am Dambach.

In Spital am Pyhrn an der Teichl: In der Au, Schröckenherberg.

Alle diese Werkstätten waren in der Sensenschmiedinnung Kirchdorf-Micheldorf vereinigt, deren Schwerpunkt im Kremstal lag:

In Micheldorf an der Krems: Unter der Linde, Pfuster, Moser im Stein, Schützenhub, Am unteren Stein, An der Zinne, Am Hammer, Am Aigen, Steinhub, Am Gries (Gradn), Dörfflern, Am Windfeld, Hasenmühle, Am oberen Absang, Am unteren Absang.

In Hausmanning (Gem. Schlierbach) an der Krems: Blumau.

Daneben gab es andere wasserbetriebene Eisenwerke: einen Stuckofen und einen Drahtzug in Molln, Hackenschmiede in Pießling, Krumpental und Roßleithen, die Hofschmiede in Spital am Pyhrn. Vgl. auch „Energie aus der Steyr".

Energie aus der Steyr

Seit dem Mittelalter schon ist die Steyr Energielieferantin. Wurden früher mittels Wasserrädern Mühlen, Schleifen, Eisenhämmer und Pulverstampfen angetrieben, so wird heute mittels Turbinen und Generatoren in vielen, meist kleinen, Kraftanlagen Strom erzeugt (a. B. = außer Betrieb):

Heindlmühle (Steyr, Zwischenbrücken 4), a. B., 1278 erstmals erwähnt als Besitz von Makart von Preuhafen, später auch Schleifen und Säge, 1882 eines der ersten Wasserkraftwerke der Welt, im Besitz der Waffenfabrik, 1884 Mittelpunkt der „Elektrischen Ausstellung".

Spital- oder Hofmühle (Steyr, Michaelerplatz), a. B., schon 1082 urkundlich erwähnt, ab 1673 im Besitz der Grafen von Lamberg, im Zweiten Weltkrieg durch Bombentreffer zerstört.

Wehrgraben (Steyr), a. B., 1,5 Kilometer langes Werkswasser mit vier „Zeugstätten" (Gefällstufen mit Werkstätten), in denen fünfzig Wasserräder angetrieben wurden, die zu Hammerwerken, Mühlen, Sägen und Schleifen gehörten. Im 19. Jahrhundert Waffenfabrik.

Vogelsang (Steyr), a. B., 1370 als Mühle und Säge erwähnt, daneben Rohrschmiede und Gewehrfabrik (ab 1593), später Werndl-Werk.

Unterhimmel (Steyr), a. B., zwei Kilometer langer Werkskanal mit drei Zeugstätten, im 16. Jahrhundert erwähnt, ursprünglich Mühle, Schleifen und Drahtziehe, ab 1654 Gewehrerzeugung, bis 1967 Draht- und Nägelfabrik Franz Werndl.

Neuzeug (Sierning), a. B., früher 630 Meter langer Werkskanal, 1491 als Newenzeug erwähnt, Zentrum der Messererzeugung mit acht Schleifen, Hammerschmiede, Mühle und Säge, später zwei Messerfabriken.

Letten (Sierning), a. B., als Lettmühle 1397 erwähnt, 1750 mit sieben Mahlgängen und drei Sägen, ab 1844 Teil der Steyrer Waffenfabrik, Wasserrecht 1952 erloschen.

Pichlmühle (Sierning, Pichlern), früher Mühle und Säge, 1969 von der Ennskraftwerke AG gekauft und als E-Werk ausgebaut, Engpaßleistung 750 kW, Arbeitsvermögen 5,6 GWh.

Sommerhubermühle (Aschach), 1556 erwähnt, seitdem Mühle und Sägewerk immer im Familienbesitz, 1974 und 1986 neue Wasserkraftanlagen mit je 200 kW Leistung gebaut.

Steinparz- oder Scharmühle (Sierning, Pichlern), a. B., gemeinsame Wehr mit der gegenüberliegenden Sommerhubermühle, früher Pelzindustrie, heute Hydrac-Maschinenfabrik.

Hörmühle (Waldneukirchen, St. Nikola), ursprünglich Mühle und Säge, 1599 erwähnt, vorübergehend Streckwalzwerk, ab 1901 Holzmehlproduktion, dann wieder Sägewerk.

Humplmühle (Steinbach), 1599 erwähnt als Mahl- und Sägemühle, 1946/49 Umbau in E-Werk mit drei Francis-Turbinen. Steinbach (Steinbach), ursprünglich sieben Schleifen der Steinbacher Messererinnung, ab 1903 E-Werk, zweite Wasserkraftanlage der ehemaligen Messerfabrik Pils.

Steyrdurchbruch – ein landschaftsangepaßtes Kraftwerk im Jugendstil.

Staumauer und Kraftwerk Klaus.

Haunoldmühle (Grünburg), ursprünglich Säge- und Mahlmühle, 1599 erwähnt, ab 1840 daneben auch Blechhammer- und Walzwerk, ab 1907 Schleifen und Pappefabrik, E-Werk mit vier Francis-Schachtturbinen.

Agonitz (Grünburg), ursprünglich Säge- und Mahlmühle, um 1850 in ein Zerrennhammerwerk umgebaut, ab 1860 Sensenschmiede, heute E-Werk im Besitz der WKG, Wien.

Steyrdurchbruch (Molln), 1907/08 nach Plänen des Arch. Mauriz Balzarek gebaut, Industriedenkmal von europäischem Rang, 20 kW Regelarbeitsvermögen, Besitz der OKA.

Klaus (Klaus), erbaut 1973–75 als Speicherkraftwerk mit 68,4 kW Regelarbeitsvermögen, Fallhöhe knapp 40 Meter, Besitz der EKW, früher Kleinkraftwerk der Nettingsdorfer Papierfabrik 400 Meter oberhalb.

Am Oberlauf der Steyr, an der Teichl und an mehreren Nebenbächen gibt es einige Kleinkraftwerke.

Die Trift auf der Steyr

Aus dem Protokoll der Wasserrechtsverhandlung zum Bau des Kraftwerks Steyrdurchbruch werden wir über die Holztrift auf der Steyr informiert. Die Sägewerksbesitzer Rupert Wochenalt (Pichlern), Franz Brandstetter (Aschach), Kullmann & Co. (St. Nikola), M. Engl (Grünburg), Maria Weinmeister (Agonitz) und die Nettingsdorfer Papierfabriks-AG, die in Steinbach und Klaus Holzschleifereien betrieb, wehrten sich gegen das Kraftwerk, weil sie Schwierigkeiten bei der Holztrift befürchteten.

Seit urdenklichen Zeiten wurde auf der Steyr und ihren Nebenbächen aus den in deren Quellgebieten liegenden Forsten Blochholz mit Längen von sechs bis sechseinhalb Metern getriftet. Jährlich transportierte die Steyr 30.000 Kubikmeter. Die vielen Sägewerke waren auf diese billige Transportmöglichkeit bis zum Ende des Zweiten Weltkrieges angewiesen.

Die Triftrechte waren zuletzt in der „Triftordnung für den Steyrfluß des k.k. Statthalters vom 12. Jänner 1887“ geregelt, wo es u. a. hieß: „Die Trift auf dem öffentlichen Steyrflusse besteht in der Weiterbringung von Nutz- und Kohlholz in Drehlingform und steht jedermann frei unter Einhaltung gegenwärtiger Triftordnung. Die Trift erstreckt sich über das ganze Flußgebiet von der Baumschlagerreith in Hinterstoder bis zur Krugelsperre in Gründberg.“ Triftzeit war von März bis Ende November.

Das geschlägerte Holz wurde am Flußufer auf Lagerplätzen gestapelt, bevor es bei entsprechendem Wasserstand in Partien bis zu 5.000 Kubikmeter (sogenanntes Floß) in den Fluß geworfen wurde. Während des Transportes wurde das Holz durch Flößer begleitet, welche mit Flößhaken ausgerüstet waren. Sie dirigierten das Holz vom Ufer aus und waren an manchen Stellen gezwungen, ins Wasser zu waten, um hängengebliebene Stämme weiterzuziehen. Die Holztrift war daher auch ein willkommener

Der alte Holzrechen über die Steyr bei der Hörmühle (Waldneukirchen).

Zuerwerb für die unter ärmlichen Verhältnissen lebenden Bewohner des Tales. Es war aber auch eine sehr gefahrvolle Arbeit. Die Männer mußten sich auch in die schwierigst zu erreichenden Schluchten vorwagen, um ein Verklausen des Triftholzes zu verhindern. Die kunstgerechte Durchführung der Trift verlangte erfahrene, tüchtige Männer.

Beim Passieren von Brücken und Wehren wurde das Holz von „Standknechten" fortbewegt. Üblicherweise schwammen die Stämme über die Wehroberkante. Wenn nötig, schlossen die Werksbesitzer die Einlaufschleuse, um das nötige Überfallwasser zu erreichen. Manchmal wurde das Holz auch durch Wehrgrundschleusen geführt. Einige Wehren besaßen besondere Triftgassen. Die Stauhöhe betrug durchschnittlich eineinhalb Meter, höchstens vier Meter. Auch auf der Teichl wurde Holz getriftet. Die längst schon wieder verfallenen schmalen Pfade der Trifter in den steilen Felsschluchten der Steyr sind kaum mehr zu erkennen.

Ortsnamen im Steyrtal

Viel über den Charakter und die Geschichte einer Landschaft sagen die Orts- und Flurbezeichnungen aus. Manche sind „sprechende Namen", die keinen Zweifel offenlassen, andere wiederum stammen aus dunklen Urzeiten und wurden von den unterschiedlichsten Völkern und Kulturen, die hier einmal lebten und sich entwickelten, verformt und weitergegeben.
Was es zum Beispiel mit dem „Sengsengebirge" auf sich hat, durchschaut man gleich: Der (in alten Quellen auch die) Hochsengs, der dritthöchste, aber wildeste Gipfel des Kammes erinnert vom Hammerort Roßleithen aus gesehen ein wenig an den Bogen einer Sense. Von ihm ist der Name auf das ganze Gebirge übergegangen. Schwieriger wird es da schon mit einem Namen wie „Pyhrgas", der aus dem Keltischen stammt und soviel wie „Hügel" bedeutet; aber auch vom slawischen „piridno" = „am Eck" ist er hergeleitet worden. Damit wären wir auch schon bei den Slawen, den „Windischen", an die im Steyr- und Teichltal noch viele Bezeichnungen erinnern. Die deutlichste von allen ist sicher „Windischgarsten", das seinen Kern jedoch vom keltischen „Gebros" = „Bock" und „magus" = „Feld" bezog. Windischgarsten ist also demnach ein slawisches Bocksfeld …
Mit „Stoder" dürften die Slawen einen steinigen Boden bezeichnet haben, mit „Agonitz" einen Beerenhang, mit „Molln" einen Platz der Pecher (von „smolna" = „voll Harz oder Pech"), mit „Sierning" einen schwarzen Bach und mit „Ramesch" einen mächtigen Berg am Warscheneck (vielleicht war damit überhaupt einmal der ganze Warscheneckstock gemeint).
Und sogar von den Römern ist etwas bei uns „hängengeblieben" – zum Beispiel der Weiler „Wallern", den die „Walchen" bewohnten – Leute, die sich die romanische Sprache bis ins frühe Mittelalter hinein bewahrt hatten; oder „Pachschallern", ein Ort der Barschalken, der freien, aber zinspflichtigen Romanen.
Aber auch die rein deutschen Ortsnamen sind oft keine „g'mahte Wiesen": „Letten" erinnert etwa an einen „Lehmboden", „Waldneukirchen" an den Gegensatz zur alten Sierninger Pfarre, „Leonstein" an die Herrschaft „Löwenstein", „Klaus" an die Mautstation unter der gleichnamigen Festung, „Aschach" an seine Eschenbäume, „Frauenstein" an den „Stein" (=Felsen), auf dem die Wallfahrtskirche erbaut worden ist, oder „Spital" an die Raststation der Bamberger Bischöfe am Fuß des Pyhrnpasses.
Erst auf den zweiten Blick gibt sich der „Quendlstein" (am Hochmöbling) als „Gewändel", also als Felswand, zu erkennen; und auch dem Skigebiet der „Höß" würde man seine einstige Bestimmung als Ort für Treib(=Hetz)jagden kaum noch ansehen. Und beim Großen Priel streiten sich die Sprachwissenschafter noch, ob sein stolzer Gipfel wirklich nur nach einer Viehtränke („Prieler" – auch Hofname im Stodertal) auf irgendeiner Alm benannt ist …
Diese Zeilen können den weiten und stellenweise noch keineswegs ausdiskutierten Bereich der etymologischen Nomenklaturforschung natürlich nur andeuten. Sie mögen aber Anregung zur Beschäftigung damit sein – zu einer durchaus spannenden Möglichkeit, dieser Landschaft auf den Grund zu gehen.

Die regionale Sprache

Die Sprache ist mehr als ein Verständigungsmittel. Sie ist Ausdruck der Identität eines Volkes, einer Kultur. Durch sprachliche Differenzierung wird regionale Eigenständigkeit dokumentiert, aber auch die Zugehörigkeit zu Berufen, zu Bildungsstufen, zu Freizeitgruppen. Nicht nur die Jäger haben ihr eigenes „Latein", sondern auch Fußballer, Briefmarkensammler, Couleurstudenten etc. – und natürlich auch Land- und Forstwirte. Gefördert durch Medien,

einheitliche Ausbildung und Fachliteratur ist ein Trend zur Internationalisierung der Umgangssprache auch am Bauernhof unverkennbar. Gleichzeitig werden viele alte Ausdrücke nicht mehr verwendet, dadurch nicht an die nächste Generation weitergegeben, so geraten sie in Vergessenheit. Man kann sagen: Mit jedem alten Menschen stirbt ein Wort.
Die von den Urgroßeltern in den Tälern der Steyr gesprochene Mundart würde von der heutigen Jugend nur mehr teilweise verstanden werden. Zur Verarmung des regionalen Wortschatzes tragen auch die veränderte Arbeitstechnik und Lebensweise bei. Vieles, was früher wichtig war, z.B. Gespanne mit Leiterwagen, ist heute verschwunden, und damit auch „Langwied", „Kipf", „Leischen", „Wiesbaum", „Oanspanl", „wistaha", „hott", „wüah", „oha" und „hauf".
Das früher besonders umfangreiche Repertoire an Schimpfwörtern und weiteren Ausdrücken über Mitmenschen und deren Eigenschaften bzw. Eigenheiten wurde nicht wahllos eingesetzt, sondern nuanciert, ja subtil verwendet. Es gab wohl spezielle Wortschöpfungen wie „Surm", „Dillenk" und „Tanderlan", meist wurden jedoch zweckentfremdete Wörter verwendet, wie „Schäfl", „Kalbl", „Kipfl", „Rabenvieh", „Hiasl", „Held", „Gickerl", „Bidling", „Hammel", „Stiefel", „hainbuchen", „berkert", „hülzg'achst", „kalblat" etc. Auch im Berufsalltag wurde der Sinn von Wörtern umfunktioniert. So gab es nicht nur am Bauernhof, sondern auch bei der Waldarbeit „Hahn" (Lagerfeuer), „Henn" (kurzes, starkes Stammstück) und „Katz" (als „schiefe Ebene" verwendetes Holz zur Erleichterung des Beladens von Holzfuhren).
Die regionale Mundart war aber keineswegs einheitlich. Im Garstner- und Stodertal gab es Wörter, die im mittleren und unteren Steyrtal unbekannt waren, und umgekehrt. Sogar auf geringe Entfernungen gab es Unterschiede. In Molln nennt man dürres Geäst „Kretzen", in Klaus „Krempen". In Frauenstein gab es Ausdrücke wie „Lö" (Loch), die im gegenüberliegenden Klaus nicht geläufig waren. In Teilen Oberwengs sagt man wie in der angrenzenden Steiermark „neama", sonst überall „nima" für „nicht mehr". Ja sogar manche Bauernhäuser hatten eigene, für Außenstehende unverständliche Formulierungen, z.B. beim Tischgebet.
Sehr facettenreich war auch die Phraseologie, die teilweise sogar den Charakter einer Geheimsprache hatte. Sagte im Garstnertal jemand „Schindl am Dach", so machte er aufmerksam, daß das Gespräch nicht für alle anwesenden Ohren geeignet sei, z.B. Zweideutigkeiten und schlüpfrige Witze in Anwesenheit von Kindern.
Im „Wörterbuch zur oberösterreichischen Volksmundart" des Stelzhamerbundes sind viele spezielle Wörter aus dem Steyrtal enthalten, denn der wichtigste Mit-Autor, Professor Otto Jungmair, war ein gebürtiger Mollner. Darüber hinaus sammelte der Klauser Hubert Braunreiter mehr als tausend weitere Wörter der früheren und heutigen regionalen Umgangssprache.

Almwirtschaft im Steyrtal

„Alm" – dieses Wort weckt nostalgische Assoziationen: Glockengebimmel, jodelnde Sennerinnen, frische Buttermilch, eine herrliche Gebirgskulisse, heimliche Liebschaften... Wie aber schaut die Wirklichkeit aus? Gibt es überhaupt noch Almen?
Und ob! Allerdings muß man sich von Klischeevorstellungen und romantischen Verklärungen lösen. Immer schon war die Arbeit auf der Alm hart, entbehrungsreich und verantwortungsvoll. Die damit verbundene Freiheit machte den Beruf einer „Schwaigerin" (Leiterin einer Melkalm), eines „Halters" (Jungviehbe-

Die Feichtauer Alm mit dem Hohen Nock im Hintergrund.

aufsichtiger) oder „Schaferls" (halbwüchsiger Schafhirte) attraktiv und begehrt.
Das Vieh mußte bei jeder Witterung mit viel Fachkenntnis betreut und die Milch zu Butter und Käse verarbeitet werden. Darüber hinaus wurden auch die Almgebäude und Zäune instandgehalten, Brennholz geholt und zerkleinert sowie die Weiden gepflegt, also von Unkraut, Sträuchern und Steinen befreit – eine Sisyphusarbeit!
Almen sind keineswegs – wie manche meinen – von selbst entstanden, sondern der Natur in jahrhundertelangem Kampf abgerungen worden. Die in den Tälern der Steyr übliche Bezeichnung „Reith" für Niederalm weist auf die Rodungsarbeit hin. Wird die Pflege des alpinen Grünlandes eingestellt, verwildert es innerhalb weniger Jahre – das zeigen viele Beispiele.
In jüngerer Vergangenheit gab es große Krisen. Das Almensterben vollzog sich in zwei Schüben:

- Um die Jahrhundertwende dezimierten eine Klimaverschlechterung und die Veränderung der Besitzstruktur (adelige Jagdherren kauften große Gebiete auf) besonders im Toten Gebirge die Zahl der Almen.
- Nach dem Zweiten Weltkrieg, als sich die Bauern von der Selbstversorger- auf die

Marktwirtschaft umstellten, die Milchlieferung an die Molkerei begann und die Arbeitskräfte in andere Berufe abwanderten, wurde die Butter- und Käseproduktion auf den Almen aufgegeben.

Dazu kommt, daß die Bundesforste bis heute versuchen, Weiderechte abzulösen, um Almen stillzulegen. Auch Agrarfachleute hielten die Almwirtschaft für ein Relikt aus der Vergangenheit, dessen Verschwinden nur eine Frage der Zeit sei. Und heute? Plötzlich ist die Almwirtschaft wieder hoch angesehen. Noch immer gibt es in den Bergen um das Steyr-, Stoder- und Garstnertal über hundert Almen, auf denen alljährlich nahezu dreitausend Rinder, mehrere hundert Schafe und einige Dutzend Pferde „gesömmert" werden.

Burgen, Schlösser, Rittersitze

Turm auf der Paßhöhe des Pyhrn: Das Wegmacherhaus neben der Straße steht auf den Grundfesten eines Turmes. 1455 gab Kaiser Friedrich III. dem Stift Spital a. P. den Befehl, den „Turn gelegen am Piern" abzubrechen.

Pflegerturm: Er steht bei Spital a. P. knapp neben der alten Straße auf einem niedrigen Felsen und war früher von einem Graben umgeben. 1379 „Chünczl der Beyer purkgraf auf dem Turm an dem Piern". Jenseits der Bundesstraße, auf dem Schützenkogel, stand 1593 „ain Maur und darob ain halb Thurn".

„Heidnisch Burgstall" auf dem „Eisernen Bergl" im Warscheneckgebiet. Der Flurname Burgstall bezeichnet „die Stelle, wo eine Burg steht oder stand". In der Nähe liegt die Burgstall-Alm.

Seebach (Gem. Roßleithen): Der Sitz Seebach bei Windischgarsten, 1183 erstmals beurkundet, ist 1669 in der Karte Vischers von Oberösterreich eingetragen, war noch im 18. Jahrhundert ein Freisitz.

Preisegg (Gem. Klaus): 1260 muß Preisegg (an der Mündung der Steyrling) schon als Edelsitz bestanden haben, denn in einer Urkunde wird Ulrich de preisekke als Zeuge namhaft gemacht.

Klaus: Diese Burg war eine wichtige Sperre mit Mautstelle an der Pyhrnstraße. Die steyrischen Markgrafen hatten auf Klaus Pfleger eingesetzt: 1175, 1217 Udalschalk von Cluse, 1230 Pilgrim von Klusen, 1254 Hertwig von Cluse usw. Im Jahre 1828 wurde die Burg ihres Daches beraubt und zur Ruine. 1578 ließ Ulrich Storch auf Klaus das Schloß unterhalb der Festung bauen.

Steyrstein (Gem. Molln): Wo heute die Kirche in Frauenstein steht, befand sich im 14. Jahrhundert die Feste Steyrstein.

Ramsau (Gem. Molln): Rittersitz, wo zwischen 1129 und 1164 Heinrich von Ramesowa wohnte, ein Dienstmann des steyrischen Markgrafen.

Molln: Rittersitz des Heinrich von Molna (1233, 1241), Jäger und Dienstmann des steyrischen Markgrafen. 1287 Herr Gotschalk und Herrin Heilke von Moln, 1319 Diemut, die Witwe Heinrichs von Moln und ihre Söhne Heinrich und Ruger, 1333 Rudolf von Moln und seine Frau Erntraut.

Leonstein (Gem. Grünburg): Auf dem Hausberg bei Leonstein sieht man heute noch Mauerreste dieser Burg. 1140, 1166 Perhtold von Lewenstaine, 1174 Warmund von Lewenstein usw., 1320 die Brüder Ott, Heinrich und Wilhelm, die Rohrer auf Leonstein usw. Am Fuß des Hausberges ließen die Zelkinger zu Leonstein im 16. Jahrhundert das Schloß erbauen, und zwar an der Stelle des ehemaligen Bauhofes „Feichta" der Burg. Schloß Feichta war Sitz der Herrschaft Leonstein.

Grünburg: Wo heute die Pfarrkirche in Obergrünburg steht, befand sich die Burg Grünburg. 1130 Poppo von Grunenpurch, 1170, 1180

Poppo von Gruninburc, 1180, 1220 Ulrich und Heinrich von Grunenburch usw.

Rotenhub (Gem. Grünburg): Die Herren Rot (ab 1230 erwähnt) stammen wahrscheinlich von der Rotenhub. 1378 verkaufte Ulrich der Rott, der auf Schloß Kremsegg bei Kremsmünster lebte, sein Erb und sein Gut, genannt die Rotenhueb, ein Lehen von Grünburg, an Georg Kramer, Bürger zu Steyr.

Steinbach a. d. Steyr: Hinter der Kirche heißt der Felsen Burgstall. 1138 Ortholf Stainbach, 1170 Ahait von Steinbach, Mutter der Herren Ortolf und Haidenrich, 1193 Chunrad von Steinbach, 1212 Imbrico von Steinbach. Sie waren Dienstleute der steyrischen Markgrafen.

Pieslwang (Gem. Steinbach a. d. Steyr): Rittersitz. 1138 Marquart povsenwanc, 1170 die Herrin Brigida mit ihren Söhnen Marquard, Reginhard, Rudolf, Durinc und Dietmar.

Aschach a. d. Steyr: Rittersitz. 1170 Werigant von Ascha, 1220 Gernod von Ascha. Sie waren Dienstleute der steyrischen Markgrafen.

Saß (Gem. Aschach): Der Name könnte auf einen Rittersitz hindeuten. 1313 Reicher von sazze, Ludweich sein prueder.

„Teufelsturm" bei Waldneukirchen: Noch im Jahre 1828 eine Ruine, deren Ausgang vermauert wurde. Die romanische Kirchentür und die Sterbeglocke in Waldneukirchen sollen aus dieser Burg stammen.

Burgstall am „Pointner Kögerl" in Steinersdorf, Gemeinde Waldneukirchen: 1459 empfing Wolfgang Schedmüller ein Gütl in Waldneukirchner Pfarr in dem purchstall als sein Erbe vom Landesfürst zu Lehen. 1480 hatte Jörg Schamüllner das Gut im Puechstall zu Lehen. Eventuell identisch mit dem Sitz Arbeshub.

Pichlern (Gem. Sierning): Möglicherweise ein Rittersitz, falls der Dienstmann des steyrischen Markgrafen Friderich puhelarin um 1129 in Pichlern wohnte. Eventuell beim „Hochhaus".

Burgstall bei Neuzeug: Ein Hügel in einem „Schacher" genannten Wald heißt Burgstall. Dort soll nach Überlieferung eine Burg gestanden sein.

Letten (Gem. Sierning): Das Landgut Letten war ein landtafeliges Gut. 1844 an Leopold Werndl (Waffenfabrik) verkauft.

Wahlmühle (Gem. Sierning): in Sierninghofen, adeliger Freisitz. 1456 empfingen Moricz Welczer und seine Brüder Hans und Andreas die Walhmull vom Landesfürsten zu Lehen. 1699 erhob Kaiser Leopold I. die freie Walchmühle zu einem Landgut mit allen Freiheiten.

Sierning: Das jetzige Schloß wurde um 1600 erbaut und war bis 1826 im Besitz des Passauer Domkapitels. Es war ursprünglich Pfarrhof und Wirtschaftsgebäude der Pfarrherrschaft Sierning, die dem Passauer Domkapitel gehörte. 1826 war Ritter von Kast Besitzer.

Rosenegg (Gem. Garsten): Hartneid von Losenstein und sein Vetter Peter schenkten 1383 ihr freies Eigen, das Guetlein in der Weng, dem Stift Garsten. 1568 wurde das Gut in der Gweng zu einem Freisitz erhoben und Rosenegg benannt. Zwischen 1691 und 1693 ließ Abt Anselm von Garsten das Schloß barockisieren.

Burgstall in Tinsting (Gem. Garsten): Auf dem Kogel gegenüber dem Schloß Rosenegg stand wahrscheinlich die Burg Tünzingen. 1160 Etich von Duncigen, 1170 Udalrich, 1255 Konrad und Ulrich von Tuncinge, 1316 Hainreich von Tuenczing.

Engelsegg: Ursprünglich „Teufelsegg" (bis 1642), Besitzer ab 1882 Josef Werndl, ab 1918 Stadtgemeinde.

Steyr (Schloß Lamberg): Residenz der steirischen Otakare, später Besitz der Fürsten von Lamberg.

Speisezettel der „Schwarzen Grafen“

Überliefert ist ein Speisezettel der Karwoche 1860 aus dem Herrenhaus der Sensenschmiede am Vorderen Haasenberg zu Spital am Pyhrn (heute Jugendheim Lindenhof). Ein solcher Sensenhammer war ein großer Wirtschaftsbetrieb, in dem bis zu fünfzig Personen zu verköstigen waren.

Montag früh: Brotsuppe, Schottsuppe (aus geronnener Magermilch)
Mittag: Mehlknödel, Kraut
Nacht: Schottsuppe, weiße Brotsuppe, Kraut

Dienstag früh: Sterz, Schottsuppe
Mittag: Schottsuppe, halbweizernes Schmalzkoch, Kraut
Nacht: Schottsuppe, Brennkoch, Kraut

Mittwoch früh: Einbrennsuppe, Schottsuppe
Mittag: Schottsuppe, Mehlknödel, Kraut
Nacht: Milchkoch

Donnerstag früh: Schottsuppe mit Rahm
Mittag: Schottsuppe mit Rahm, gedünsteter Brein mit Grammeln, Kraut
Nacht: Beiglsuppe, Kraut

Freitag früh: kein Frühstück
Mittag: Erbsensuppe mit Einbrenn und Zwiebel, Kraut
Nacht: Kalte Bohnen, Germschober

Samstag früh: Milchsuppe, Schottsuppe
Mittag: Grießknödel, Kraut, Schottsuppe
Nacht: Schottsuppe, Kraut, gedörrtes Obst

Aus dem Jahr 1810 ist das Menü der Jahrtagstafel überliefert, die zum Jahrtag der Innung in Kirchdorf serviert wurde und die sich in ihrer Reichhaltigkeit und mit ihren Leckerbissen sehen lassen konnte: Suppe mit gehacktem Fleisch, Fleisch mit Gurken-Sauce, Gestieltes Kraut mit Bratwurst, Spanferkel mit Häupelsalat, Pasteten mit gemischter Speise, Kapaunen mit Weichselsulze, Karfiol mit gebackenen Hühnern, Rehschlögel, Krebse, Weichselkuchen, Mürbe Torte und Kaffee.

Georg Matthäus Vischer – Kartograph und Pfarrer

Als Kartograph und Topograph der Barockzeit wurde Georg Matthäus Vischer berühmt; daß er auch zwei Jahre Pfarrer in Leonstein war, ist nur wenigen bekannt. Vischer hatte ein bewegtes Leben hinter sich, als er 1666 nach Leonstein kam. Am 22. April 1628 in Wenns in Tirol geboren, zog es ihn schon mit 15 Jahren zu den Soldaten. Fünf Jahre später begann er zu studieren und wurde 1654 Priester.

Durch seine zeichnerischen Fähigkeiten erregte Vischer das Interesse des Leonsteiner Patronatsherrn, des Grafen Georg Siegmund von Salzburg, dessen Besitzungen der frischgebackene Pfarrer in Kupferstichen festhielt. Daraufhin reiste er im ganzen Land umher, um Schlösser und Burgen zu zeichnen. Er fertigte auch eine genaue Landkarte von Oberösterreich an.

Ende 1668 verzichtete Vischer auf seine Pfarrpfründe in Leonstein und widmete sich ganz der Kartographie und Topographie. Zunächst ging das Geschäft gut, denn er fand Beschäftigung bei den niederösterreichischen Landständen, für die er eine Karte und eine Serie von Ortsdarstellungen anfertigte. Auch für die Steiermark wurde er tätig. Schließlich ließ sich der Ex-Geistliche in Wien nieder und bekam eine Anstellung als Mathematiklehrer an einem Edelknabeninstitut. Auch in Kremsmünster war er als Lehrer für Mathematik, Geographie und Kartographie beschäftigt. Völlig verarmt starb Vischer am 13. Dezember 1696 in Linz.

Franz Hölzlhuber – Allround-Genie aus Sierning

Als Allround-Genie kann man den Sierninger Franz Hölzlhuber bezeichnen, der es in seinem 72jährigen Leben auf nicht weniger als 18 Berufe gebracht hat. Er war Sänger, Maler, Komponist, Lehrer, aber auch Beamter und starb am 4. Februar 1898 als Oberoffizial des Eisenbahnministeriums in Wien.

Hölzlhuber hatte ein bewegtes und abenteuerliches Leben. Er wurde am 22. September 1826 als Sohn des Gastwirtes am Bierhäusel in Gründberg bei Sierning, hart an der Steyrer Stadtgrenze, geboren. Er zeigte früh ausgesprochenes Talent für Musik. Schon als Lehrling in einem Sierninger Eisenwarengeschäft spielte er bei der Ortsmusikkapelle.

Später – die Ausbildungsvorschriften waren damals nicht so streng – ging er als Volksschullehrer nach Leonstein und Bad Hall. 1850 wurde er Kanzlist beim Land- und Pflegegericht Leonstein und ein Jahr später „Diurnist" (was immer das auch war) beim Bezirksgericht in Linz.

Schon 1852 warf er die Schreibfeder von sich, begab sich nach Wien und trat nach abgelegter Prüfung als Chorist in das Theater in der Josefstadt ein. In seinen freien Stunden befaßte er sich mit Landschaftszeichnen, und als beliebter Sänger hatte er in den besten Häusern der Residenzstadt Zutritt. Als 1853 das Theater in Konkurs ging, verdiente er sein Brot in den Sommermonaten in Bad Ischl, Bad Reichenhall und Bad Hall als Landschaftszeichner, in den Wintermonaten in Linz, Leoben, Graz, Salzburg, Innsbruck und auch in bayrischen Städten als Konzertsänger.

1855 erhielt er ein Engagement als Kapellmeister in einem deutschen Theater im Nordwesten der Vereinigten Staaten und trat im Herbst 1855 die Reise dorthin an. Der Vertrag versank aber mit dem Dampfer „Pacific", der bei Neufundland einen Eisberg rammte, im Meer. Hölzlhuber ließ sich trotzdem unverzagt in Milwaukee im Staat Wisconsin nieder und eröffnete eine Zuckerbäckerei. Die Fertigkeit hatte er von seiner Mutter gelernt.

Nebenbei trat er als Sänger, Schauspieler, Dirigent und Komponist auf und hatte großen Erfolg. Dann wurde er als Zeichen- und Gesangslehrer an die deutsch-englische Akademie berufen und war zugleich Mitarbeiter größerer illustrierter Zeitschriften in New York, Leipzig und Stuttgart. Auch als Schriftsteller fand er großes Echo.

1860 kehrte er nach Europa zurück. Beim großen deutschen Sängerfest in Nürnberg 1861 erwarb er sich als „nächtlicher Sänger aus Stadt Steyr" viel Lob. 1862 war Hölzlhuber als Arrangeur bei der österreichischen Ausstellungskommisssion der Londoner Weltausstellung tätig. 1863 malte er, nach Sierning zurückgekommen, 66 große Landschaftsbilder und bereiste damit die gesamte Monarchie.

1867 nahm er die sichere Beamtenlaufbahn auf, und zwar zuerst in Steyr bei der damaligen Kronprinz-Rudolf-Bahn (Ennstalstrecke). 1873 fungierte er als Arrangeur und Vertreter der österreichischen Metallindustrie auf der Weltausstellung in Wien und 1878 auf jener in Paris, 1888 wiederum bei der Jubiläums- und Gewerbeausstellung in Wien.

Nach Auflösung der Steyrer Eisenbahndirektion kam Hölzlhuber zu den k.k. Staatsbahnen. Seit Anfang der neunziger Jahre fungierte er als Bibliothekar des Eisenbahnmuseums in Wien und wurde 1896 zum Oberoffizial ernannt. Alle Jahre kam Hölzlhuber mit seiner Familie nach Sierninghofen zur Sommerfrische.

In Steyr wurde eine Straße nach Hölzlhuber benannt.

Michael Blümelhuber – Stahlbildhauer

Unter den großen Söhnen der alten Eisenstadt Steyr nimmt Michael Blümelhuber einen beson-

deren Platz ein. Aus kleinen Verhältnissen kommend, lange Zeit krank, ist er schon in jungen Jahren weit über sein gelerntes Handwerk, das in der „Eisenwurzen" so angesehene der Messerschmiede, hinausgewachsen und hat seine Umwelt, die schließlich ganz Europa, ja sogar Amerika mit einbezog, durch seine Stahlschnittarbeiten in Staunen versetzt.
Geboren wurde er am 23. September 1865 in Unterhimmel und zwei Tage danach in der Wallfahrtskirche Christkindl getauft. Unterhimmel war damals eine Ortschaft der Gemeinde Garsten, heute ist sie Steyr eingemeindet. Die Stadt Steyr hat auch zum 100. Geburtstag des Meisters an seinem Geburtshaus eine Gedenktafel anbringen lassen. Sein Vater war Säbelschmied. In der Tradition der Messerschmiede wuchs er auf, besuchte die erst vor kurzem errichtete Fachschule und Versuchsanstalt für Eisen- und Stahlbearbeitung seiner Vaterstadt, die Vorgängerin der heutigen Höheren Technischen Bundeslehranstalt, und wurde hier durch seinen Lehrer, den Wiener Gustav Ritzinger, in die Stahlschnittkunst, die im Eisenschnitt des Mittelalters wurzelt, eingeführt. Direktor dieser Anstalt war in diesen Jahren aber Ing. Alfred Musil, der Vater des in unseren Jahrzehnten so bekannt gewordenen Schriftstellers Robert Musil, dem Verfasser des Romans „Der Mann ohne Eigenschaften".
Von seinem achten bis 27. Lebensjahr litt Michael Blümelhuber an einer Kiefersperre, Folge einer Typhuserkrankung, die ihm nur die Einnahme flüssiger Speisen erlaubte. Theodor Billroth befreite ihn von diesem Übel durch eine ungewöhnliche Operation. Es ist nicht abwegig, die Nötigung zum Alleinsein, die ihm durch die langjährige Marter auferlegt war, als Angelpunkt seiner späteren Überlegungen und Versuche an einem so spröden Material, wie der Stahl es ist, anzusehen, vielleicht auch seinen Schritt im Jahre 1885, eine eigene Werkstätte in der Sierninger Straße in Steyr aufzumachen. Seine Beobachtungen im Heranwachsen gingen natürlicherweise nach innen, er reifte in unerhörter Disziplin.
Emmerich Graf Lamberg, ein eifriger Sammler von schön verzierten Messern, und die österreichische Hocharistokratie, ja das Kaiserhaus selbst wurden dann seine Mäzene. Die kunstvoll gearbeiteten Papierscheren für den Grafen, Kaiser Franz Joseph, Thronfolger Erzherzog Franz Ferdinand d'Este und die Familie Nobel (Dynamit-Nobel) sowie die aus dem vollen Material eines einzigen Stahlstückes herausgemeißelten Jagdmesser für den Landgrafen Fürstenberg und den Baron Imhof, Duzfreund des Thronfolgers und Schwiegersohn Josef Werndls, machten Blümelhuber schnell im großen Kreis bekannt, ja berühmt. Eine internationale Ausstellung ohne seine Arbeiten war von diesem Zeitpunkt an undenkbar.
Seine Pläne überschlugen sich. Er konstruierte ein Luftschiff, das in Frankreich Anerkennung fand. Aber mangels finanzieller Mittel kam es zu keiner Ausführung des Modells. Österreich zeigte überhaupt keine Anteilnahme. Graf Zeppelin war in dieser Hinsicht zuletzt glücklicher. Früh, wahrscheinlich durch die Lektüre während der Jahre seiner Kiefersperre angeregt, aber auch von eigenem Antrieb sichtlich bewegt, begann Blümelhuber zu schreiben und zu dichten. Der Weltkrieg hat ihn dann, wenn auch in der Form nicht reif genug, seine innersten Gedanken in Versen aussagen lassen. In Stahl vermochte er sie viel besser und überzeugender zu gestalten. Aber auch Fragen der Denkmalpflege hat er mit seltener Entschlußkraft und sicherem Vorausblick gegen manche Widerstände entschieden. So verhinderte er die Schleifung des herrlichen Renaissancebaues des Innerbergerstadels. Er unterband die bereits günstig fortgeschrittenen Unterhandlungen im Verkauf der Frauensteiner Schutzmantel- und Rosenkranzmadonna, Werk Gregor Erharts aus Augsburg, eine Stiftung Kaiser Maximilians I., nach den Vereinigten Staaten von Nordamerika.

Seinen Gipfel aber erreichte er nach 1918. Voraussehend, was der Menschheit an Schrecken bevorstand, war ihm schon vor Beginn des Ersten Weltkrieges plötzlich die Idee gekommen, den Stahl, immer das Material für die Vernichtung von Menschen, auch zum Werkstoff symbolkräftigen Arbeitens gegen den Krieg zu erheben. Das christliche Gedankengut hatte ihn überkommen. Das „Kalksburger Kreuz" und der „Linzer Domschlüssel", dieser wohl sein bekanntestes Werk, sind Vorläufer auf diesem Ideenweg.

Die Plastik „Menschheitszukunft" hat bis herauf in unsere Tage ihren inneren Gehalt bewahrt. Reichspräsident von Hindenburg und Bundeskanzler Dr. Adenauer, dieser noch 1963, haben Michael Blümelhuber besonders wegen dieses Werkes als gehaltvollen, nachdenklichen Künstler geschätzt.

Die inzwischen erschienenen dichterischen Werke „Weltenwende", „Walhall in Brand" und „Jung Faust an die Menschheit" sind vom Standpunkt der Entwicklung des Meisters vom eigenwilligen Messerschmied zum reifen Stahlbildhauer nicht ohne Bedeutung.

Michael Blümelhuber war, im großen Zusammenhang besehen, eine Renaissancefigur, seine Vorbilder waren Leonardo da Vinci und Michelangelo, aber auch Benvenuto Cellini, dessen Lebensgeschichte in der deutschen Übertragung von Goethe zu seinen Lieblingsbüchern gehörte. Er hat von ihnen auch das eine gelernt: dem Handwerk und ihren Jüngern im Innern und Außen verbunden zu bleiben. Albrecht Dürer kann hier als sein angestrebtes Hochziel gelten.

Am 20. Jänner 1936 starb Michael Blümelhuber nach kurzem schwerem Leiden. Als man sein Sterbliches durch die Straßen von Steyr nach dem hochgelegenen Friedhof mit seinen Grabstätten vieler berühmter Steyrer fuhr, trauerte nicht nur die alte Eisenstadt, sondern auch ganz Österreich und die europäische Kulturwelt um diesen Toten. Seit dem Leichenbegängnis Josef Werndls hatte es kein solches mehr gegeben.

(Aus: Carl Hans Watzinger, Ihre Heimat ist Steyr, Ennsthaler)

Marlen Haushofer – eine der bedeutendsten Dichterinnen

Zu den bedeutendsten Dichterinnen Österreichs zählt Marlen Haushofer, die am 11. April 1920 als Tochter der Revierförsterfamilie Frauendorfer in Frauenstein geboren wurde. Sie hatte mit ihren Eltern und ihrem jüngeren Bruder Rudolf eine äußerlich friedliche Jugend verbracht, bevor sie von 1930 bis 1939 das Gymnasium der Ursulinen in Linz besuchte. Ein Jahr darauf heiratete sie den Zahnarzt Dr. Manfred Haushofer und begann in Wien ihr Germanistikstudium. Sie wurde Mutter zweier Söhne und brach schließlich ihr Studium ab. Ab 1947 lebte sie in Steyr.

1946 wurden ihre ersten Texte veröffentlicht, 1953 erhielt sie den staatlichen Förderungspreis für Literatur und 1968 den österreichischen Staatspreis für Literatur. Sie starb am 21. März 1970 in einer Wiener Klinik an Krebs.

Marlen Haushofer schrieb vorwiegend Romane, Erzählungen, aber auch Hörspiele und Kinderbücher.

In den vergangenen Jahren gab es im gesamten deutschen Sprachraum eine wahre Haushofer-Renaissance. In Karlsruhe wird zu ihrem Gedenken ein begehrter „Marlen Haushofer Literaturpreis" vergeben, der von der Initiative „Schreibende Frauen in Baden-Württemberg" verliehen wird.

Die überwiegend enthusiastische Reaktion auf und Kritik an ihrem literarischen Schaffen tragen zunehmend einem Leserinteresse Rechnung, das auf eine direkte Identifikation mit Haushofers Figuren aus ist.

Dies umso mehr, als deren psychische Befindlichkeit auf Zustände antwortet, die in unserer Zeit immer mehr Interesse beanspruchen. Die in ihren Texten bezogene Position im Hinblick auf eine im Alltäglichen lahmgelegte weibliche Kompetenz, auf die Verödung der Umwelt und Denaturierung der Lebensmittel, schließlich auf die latente Gefahr einer apokalyptischen Katastrophe hat in der Epoche der Frauen-, Umweltschutz- und Friedensbewegung „ein geradezu erschreckendes Ausmaß von Aktualität gewonnen" (Konstanze Fliedl).

Haushofer beschwört immer wieder ihre Welt der Kindheit als sehnsüchtig verklärten Zufluchtsort, und diese Bergdorf-Idylle ist als unerschöpfliches Reservoir ihrer literarischen Inspirationen deutlich zu erkennen („Das fünfte Jahr" oder „Himmel, der nirgendwo endet").

Viele ihrer Romane wurden wieder neu aufgelegt, darunter „Die Wand", ein Roman, der vorwiegend im Steyrtal spielt. Die Handlung geht von einer märchenhaften Imagination aus: Eine Frau, die von Bekannten auf eine Jagdhütte eingeladen wird, gerät in Unruhe, weil dieses Ehepaar von der Fahrt in einen benachbarten Ort nicht zurückkehrt. Sie macht sich daher auf die Suche, doch bevor sie ins Dorf kommt, stößt sie gegen eine unüberwindliche Wand, jenseits der Totenstarre herrscht.

In dieser endzeitlichen Situation des Alleinseins richtet sie sich auf das körperliche Überleben und auch auf die seelische Bewältigung von Dasein und Sterben ein. Es ist ein Gleichnis von der Stärke der Schwachen, vom Sieg der Einsamen über die Einsamkeit – ein Werk, das aus tiefem Einfühlungsvermögen kommt, das aber auch dem Leser viel abverlangt.

„Wären alle Menschen von meiner Art gewesen, hätte es nie eine Wand gegeben, und der alte Mann müßte nicht versteinert vor seinem Brunnen liegen. Lieben und für ein anderes Wesen sorgen ist ein sehr mühsames Geschäft und viel schwerer, als zu töten und zu zerstören." (aus: „Die Wand")

Es gibt Sonntage, an denen Meta mit Mama, und solche, an denen sie mit Vater zur Kirche geht. Nach der Kirche muß Mama immer mit ein paar Frauen auf dem Kirchenplatz reden, aber Meta merkt, sie tut es nicht gern, es macht sie ungeduldig. Nachher kauft Mama für Meta beim Wirt fünf Neapolitaner-wafferl. Auf dem Heimweg ist Mama ganz anders als zu Hause, jünger und fröhlicher. Sie zeigt Meta die Blumen und Kräuter am Wegrand. Meta ist ganz närrisch nach Kräutern. Am besten riecht der Thymian, wenn man ihn zerreibt. Auch Nußblätter riechen ganz wunderbar. Leider hat Mama nie viel Zeit, sie muß fertigkochen, was Berti vorbereitet hat. Auf dem Kirchenweg macht Mama nie unliebsame Bermerkungen. Es ist, als wäre ein Waffenstillstand geschlossen. Das ist gefährlich. Oft nimmt Meta sich vor, unzugänglich zu bleiben, aber sie bringt es nie fertig. Mama kann sehr bestrickend sein, wenn sie will. Meta weiß, dieses Glück kann nicht von Dauer sein. Sie kann sich niemals an Mamas jähe Stimmungsumschwünge gewöhnen. Deshalb bemüht sie sich, der Freude nicht ganz nachzugeben, damit es später nicht so weh tun kann. Wie beschwerlich ist es, mit Mama umzugehen. Sei vorsichtig, warnt eine innere Stimme, sei ja nicht zu übermütig. Aber es ist so schwer, vorsichtig zu sein, immer wieder vergißt Meta es. Vielleicht wird sie diese Kunst nie erlernen. Einmal zeigt Mama ihr

Fronleichnamsprozession in Frauenstein.

drei kleine weiße Anemonen auf dem Kirchenweg, und die milchweißen sanften Blütenblätter lassen sie an Mamas Wange denken. Immer wenn sie seither Anemonen sieht, fällt ihr Mama ein. Nur riechen die Anemonen nach gar nichts. Die Kirchgänge mit Vater sind einfacher und angenehmer. Er achtet in der Kirche gar nicht darauf, was für ein Gesicht Meta macht. Sie muß nicht fromm dreinschauen, was sehr anstrengend ist. Und nach der Kirche kauft Vater ihr ein paar Würstel mit Kren. Meta ißt leidenschaftlich gern Kren, auch wenn ihr dabei die Tränen über die Wangen laufen und Vater sie auslacht. Das Brennen im Magen istwunderbar, und es ist lustig, von Vater ausgelacht zu werden. Er redet mit dem Wirt und mit den Bauern über die Jagd, das Holz und über Gemeindefragen.

MARLEN HAUSHOFER, *aus: Himmel, der nirgendwo endet, Classen, S. 54 f.*

Von Steyrtalern

Arbeit – Freizeit – Brauchtum

Franz Limberger

Es ist mit den Steyrtalern nicht anders als mit den übrigen Oberösterreichern, die meisten von ihnen kommen in den Geburtenabteilungen der Krankenhäuser zur Welt. Entweder in Kirchdorf oder in Steyr. Was sie zu Steyrtalern macht, geht aus der Eintragung im amtlichen Meldeschein hervor.

Essen, Gehen und Sprechen lernen sie von ihren Eltern, Lesen und Schreiben in den Schulen ihrer Heimatdörfer. Eine besondere Lebensart, daß sie von der Natur oder gar von der Urkraft der Steyr geprägt worden sind, kann man bei den heutigen Bewohnern des Steyrtales nicht feststellen. Auch jene natürliche Eigenschaft, mit dem Herzen und dem Gefühl etwas zu erfassen und menschlich zu reagieren, findet man nur selten. Einen typischen Menschenschlag, „den Steyrtaler", gibt es eigentlich nicht. Gerade aber diese Feststellung bringt die Steyrtaler auf die Barrikaden. Es war naheliegend, sie selbst zu befragen, wie sie sich einschätzen und wie sie sind:

Lustig, gesellig, fidel – aber ziemlich konservativ,
ehrlich und verläßlich – aber unentschlossen,
begeisterungsfähig – aber nicht selbstbewußt,
nachgiebig und anpassungsfähig – aber trotzdem eigensinnig!

Nicht zu den Steyrtalern zählen sich die Bewohner der Dörfer im Oberlauf des Flusses und seiner Nebenflüsse. Wir sind „Stoderer" oder „Garstnertaler" und als solche ein anderer Menschenschlag. Für manchen Hinterstoderer oder Windischgarstner wäre es sogar eine Beleidigung, ihn den Steyrtalern zuzuordnen.

Die Bauern, die Flößer, Holzfäller, Jäger und Forstleute waren und sind heute noch geprägt von der harten und nicht sehr ertragreichen Arbeit in den Bergen. Erst durch den Tourismus war es möglich, in den Bergregionen des Steyrtales bessere Lebensbedingungen zu schaffen.

Bin a Bauer — *sagt er*
drunt von Dorf, — *sagt er*
und in Most — *sagt er*
trink i scharf, — *sagt er*
a paar Maßl, — *sagt er*
trink i schan, — *sagt er*
kennt ma neamt, — *sagt er*
nixi an. –

NORBERT PURSCHKA,
Pfarrer und Mundartdichter
(1813–1898), zuletzt in Waldneukirchen.

Anerkennung von höchsten Stellen für exzellente Organisationskunst, selbst bei internationalen Weltcup-Skirennen, hat ihr Selbstbewußtsein gestärkt. Sie können auch stolz sein auf ihr schönes Fleckchen Erde, und sie sind es auch, wenn sie in ihrer Heimathymne singen:

„Es gibt ja nur a Stodertal alloan,
Vom Schwarzbach bis zum Scheiblingstoan."

und weiter heißt es dann:

„Da kannst ja fast dö ganze Welt ausgeh'n,
so findst's das nirgendst mehr so schen!"

Josef Moser, der Bader und Heimatdichter von Klaus, dessen Rayon bis tief in die Stoderer Berge hineinreichte, charakterisierte die Steyrtaler folgendermaßen:

„Ich wohne im Gebirg, dem Vaterland der Kröpfe, der kleine Pfarrbezirk zählt etwa tausend Köpfe, und diese Köpfe sind von harten, derben Knochen: Man kann darauf kommod mit schweren Hämmern pochen!"

Vielleicht sind es gerade die Dickköpfigkeit, der besondere Umgang mit der Natur und ein gesunder Stolz, die die Bewohner des Steyrtales sympathisch machen?
Zu allen Zeiten haben sie ihren Fluß, seine Urkraft, seine Wasserqualität, seinen Fischreichtum, die Fauna und Flora an den Ufern, geschützt. Wo sonst haben die Menschen, längst bevor man es von höchster Ebene her verordnet hat, den Wert und die Erhaltung von Naturdenkmälern erkannt. Alleine im Einzugsbereich der Steyr gibt es eine Vielzahl davon, und von den Steyrtalern werden sie wie Heiligtümer gehütet.
Die Steyr ist unser größtes Kapital, sagte ein Bauer aus Frauenstein – und wie recht er hat, das wird uns immer mehr bewußt. Wenngleich es auch an manchen Flußuferstellen an der Steyr zu beachtlicher Umschichtung des ideellen Kapitals in bare Münze gekommen ist. Es

Eine Bäuerin, sie ist 73 Jahre alt, erzählt von den Belastungen, denen sie als Kind ausgesetzt war: „Wir waren, als ich ein Kind war, sieben Leute am Hof: meine drei Brüder, ich, meine Eltern und eine Magd. Ich mußte bereits arbeiten, als ich noch nicht in die Schule ging. Ich mußte sehr früh aufstehen, um vorzugehen, d.h. ich mußte beim Pflügen den Ochsen oder das Roß mit einem Strick weisen. Das war z.B., wenn wir das Troat (Getreide) angebaut haben, zu Bartholomä, Ende August. Nachher sind wir erst in die Schule gegangen. Und nach der Schule war es zum Viehhüten. Erst dann konnte ich lernen. Beim Vorgehen sind wir sehr früh aufgestanden, sicher schon um vier, halb fünf. Bereits mit 5, 6 Jahren arbeitete ich so. Es war immer hart."

ROLAND GIRTLER, *aus: Aschenlauge, Bergbauernleben im Wandel, S. 73, Landesverlag*

spricht für die Steyrtaler, daß man seinerzeit bei der Errichtung des Kraftwerkes Klaus einen Landschaftspflegekatalog erstellte, und die darin enthaltenen Auflagen mußten von den Kraftwerkserbauern auch erfüllt werden.
Immer dann, wenn es um gravierende Veränderungen im Zusammenhang mit der Steyr ging, kamen sie sich näher, die Stoderer, Garstnertaler und Steyrtaler. Als „Steyrtaler" bezeichnen sich die Menschen aber erst von Kniewas flußabwärts. Ein Klauser würde sich gegen die Einordnung zum Steyrtaler nicht mehr aufhalten. Im Gegenteil, der Fluß hat für die heutigen Bewohner von Klaus wieder Bedeutung. Der See, die Wildwassersportschule, Bootsverleih und Campingplatz brachten wieder neue Perspektiven für den Tourismus, wenn auch der ökologische Preis dafür manchem hoch erscheint.
Man sagt auch, bei Klaus beginnt eine andere Welt. Die Menschen sind aufgeschlossener, nicht mehr ganz so dickköpfig, leichter zu führen, und ihr Puls schlägt näher am Geschehen. Je weiter flußabwärts man wandert, desto moderner und fortschrittlicher denken die Menschen. An die Einflüsse der alten Gewerbezünfte, wie Sensenschmiede, Messerer, Maultrommelmacher oder Schaufelhacker, erinnern heute höchstens noch die Zunftfahnen, die bei der jährlichen Fronleichnamsprozession mitgetragen werden. Die starke Bindung an Grund und Boden gibt es kaum mehr.
Die Bauern von Molln flußabwärts sind häufig nur mehr Nebenerwerbslandwirte. Täglich fahren viele in die Industriezentren Steyr oder Linz oder haben zumindest in den heimischen Großbetrieben eine Arbeit angenommen, um die kargen Einnahmen am bäuerlichen Hof etwas aufzubessern. Gerade das Eisenindustriezentrum Steyr hat die unteren Steyrtaler – zumindest ökonomisch – geprägt wie kein anderer Raum – im Positiven wie im Negativen.

Heuernte in Molln.

Wir Steyrtaler haben vieles verschlafen, sagte ein Kaufmann aus Grünburg. Andere – wenn ich nur an die Wiederinbetriebnahme der Steyrtalbahn denke – haben es uns gezeigt, daß mit Zusammenarbeit viel mehr erreicht werden kann. Diese Haltung und ein merkbares Bekenntnis zu traditionellem Brauchtum, echter Volkskultur und Dorferneuerung sind Aspekte, die zur Wiederbelebung des Steyrtales beitragen. Ihren Lebensraum, das Steyrtal, haben sie längst geteilt mit Gastarbeitern, mit Türken, Jugoslawen, Vietnamesen und anderen, die sich in den Dörfern entlang des Flusses seßhaft

Wenn Ackersleute, Schnitter oder Mähder auf den Fluren geschäftig sind, stehen die Bauernhöfe lautlos und verschlossen im Obstbaumschatten, als wären ihnen Fenster und Thüren schläfrig zugefallen, wie die Augenlider einem gelangweilten Menschen. An Sonntagen aber, wenn in des Feldes Furchen sich nur Hasen und Rebhühner, Krähen und Tauben bewegen, Bauer und Bäuerin, Knecht und Magd im vollen Staate aus der Kirche heimkehren: dann halten sie Fenster und Thüren offen und zeigen genug zufriedene Leute, welche der schönen Sonntagsruhe genießen.

JULIUS VON DER TRAUN

STOAN UND STERN

Wann ih geh nah dá Straßn
todmüad und vázagt,
wia oft – ganz válaßn –
hat's mih einwendi packt,
als kunnt ih koan' Schriat nimmá
vüri álloan
übá olle dö Trümmá:
so vü(l) Stoan, so vü(l) Stoan!

Doh wann ih mih dani
nebm án Weg leg án Eicht,
aft siag ih und staun ih,
wia's glanzt drobm und leucht!
Aft wia dálest schnauf ih
und grüaß zán liabm Herrn
in sein Himmöreich auffi:
so vü(l) Stern, so vü(l) Stern!

OTTO JUNGMAIR

Ein großes Fest: Die Arbeit des Dreschens ist vollbracht.

gemacht haben. Heute sind wir großzügiger und aufgeschlossener. Nicht nur der Fluß und die Landschaft, sondern auch unsere Arbeitswelt und die Medien haben Einfluß genommen auf unser Denken und Handeln.
Wenngleich sich dies alles im Steyrtal langsamer vollzogen hat als sonstwo. Aber ist nicht genau das der Grund dafür, daß dieser Lebensraum so viele kreative und schöpferische Menschen hervorgebracht hat, wie kaum ein anderer?
Neben vielen unternehmerischen und erfinderischen Menschen waren es insbesondere Kunst- und Kulturschaffende, die von dieser Landschaft geprägt und inspiriert wurden, die zur Poesie der Landschaft die Poesie des Wortes, des Tones, des Bildes oder der Plastik hinzugefügt haben. Man denke nur an die Mollnerin Marlen Haushofer, die heute zu den bedeutendsten Dichterinnen Österreichs zählt und derzeit eine wahre Renaissance erlebt, an Otto Jungmair und Josef Moser oder an die zeitgenössischen Erfolgsschriftsteller Erwin Einzinger und Erich Hackl.
Man findet auch wieder zurück zur Tradition. Selbst junge Menschen erkennen ihr Tal als einen Lebensraum, in dem man im Einklang mit der Natur Zufriedenheit und Kraft für den Alltag findet.
Dies bewußtzumachen, dazu sollen auch diese Gedanken beitragen. Noch vor wenigen Jahren hätte ein Bewohner dieser Gegend auf die Frage: „Woher kommst du?" kaum mit „Aus dem Steyrtal" geantwortet. Wenn es allen bewußt wird, welch unglaublichen Schatz man mit der Steyr besitzt, wird jeder mit gesundem Stolz bekennen:
„Ich bin ein Steyrtaler!"

Land der Hämmer,
Land der Wälder –
auf jeden Fall
ein Land der Arbeit,
aber auch ein Land
der Feste und der Freude.

Augenblicke unterwegs

Begegnungen und Berührungen

Wolfgang Heitzmann

In der Rosegger Au bei Steyr.

Der Morgen ist kalt, feucht und grau. Nebelbauschen kriechen durch den Wald, der kleine Effertsbach plätschert träge vor sich hin, und der nasse Schotter knirscht unter den Schuhsohlen. Irgendwo im Rucksack steckt das Taschenbuch mit dem aquarellierten Frauengesicht auf dem Umschlag – ein Buch von einer Frau und ihrem einsamen Überlebenskampf. Marlen Haushofer hat wirklich hier gelebt, sie ist 1920 in Frauenstein zur Welt gekommen; und mit dem Forsthaus, in dem die Geschichte spielt, ist wohl das hier im Talschluß gemeint. Eines Tages, an einem taunassen Morgen wie heute, trennt sie eine unsichtbare Wand von der Welt da draußen. Und draußen ist alles tot – „alle, denen zuliebe ich ein Leben lang gelogen habe, sind tot", steht irgendwo in diesem Buch. Die 300 Seiten, nach denen ihr Bericht unvermittelt abbricht, verlangen dem Leser einiges ab. Aber ich bin sicher nicht der erste, der die Schauplätze der „Wand" sucht, den weltvergessenen Winkel am Fuß des Sengsengebirges, die inzwischen abgebrannte Haidenalm oder die Lackenhütte am Spering.

Marlen Haushofer starb an Krebs. Heute wuchern die Karzinome in der Landschaft ihrer Kindheit. Damit erfährt die Einsamkeit hinter der imaginären Wand, der Wand zwischen Überleben und tödlicher Versteinerung davor, vielleicht eine neue Interpretation: da das Naturschutzgebiet am Kamm des Sengsengebirges, weder für Skiliftzirkusse noch für Kraftwerke zu gebrauchen und für die Trophäenjäger zu entlegen, aber schon angenagt von den Todsünden der Bundesforste. Und darunter das Steyr- und Teichltal, zur Hälfte zugestaut und gerade im Begriff, den verbliebenen Rest in Schottergruben umzukrempeln. Was würde Marlen Haushofer angesichts dieser staubenden Vorboten der Transitautobahn, der überfragten Menschen im Tal und der rücksichtslosen Ausbeutung dieser Landschaft heute schreiben?

„Feichtauer Urwald" im Sengsengebirge.

Wieviel Glück bleibt uns noch? Von der schleichenden Verödung und ästhetischen Verarmung getrieben, suchen wir es schon in den letzten Ruhewinkeln. Oben auf der Feichtau zum Beispiel, wo es die einen mittels Hüttengaudi und zweieinhalb Stunden weit heraufgeschleppter Alkoholika zu finden glauben, die anderen im sportlichen Ersteigen des Hohen Nocks oder im „Feichtauer Urwald" mit seinen Seen, wo man unter modernden Baumriesen oder im Bergsturz der Seehagelwände über die Vergänglichkeit alles Irdischen nachdenken kann. Vielleicht beruhigt dort allein das Wissen um das Ruhereservat rundum, denn die meisten Besucher kommen auf den markierten Steigen über die „Menschenzone" nicht weit hinaus. Das östliche Sengsengebirge ist nach dem Verschwinden der Almen praktisch völlig unerschlossen, und der Höhenweg über den westlichen Kamm, elf bis dreizehn Stunden lang über trockene Felsen und durch ruppige Latschen, ein klassisches Beispiel für das, was die Sporthändler „Outdoor" nennen. Der Hüttenwart der Feichtau flucht heute noch nachträglich über eine gemeinsame Jagdsteig-Expedition durch die Latschenhitze zum Rottalsattel hinüber – als ob er mit seiner Hütte und dem Müll mancher Besucher nicht schon Probleme genug hätte. Ein gescheiter Mensch hat einmal am Beispiel der Feichtau das Phänomen der Hypergravitation beschrieben: Flaschen, Dosen und Jausenplastik steigern nach der Leerung in oder vor der Selbstversorgerhütte ihr Gewicht offensichtlich derart, daß selbst naturverbundene Idealisten sie nicht mehr ins Tal zu tragen imstande sind …

Weniger Zivilisationsdreck begegnet einem hoch über dem Stodertal, dort, wo das Tote Gebirge wirklich tot ist. Allerdings verirren sich

auch nicht viele Menschen dort hinauf. Selbst wer auf dem hochalpinen Ausseer Weg vom Prielschutzhaus zur Pühringer Hütte wandert, bekommt kaum eine Vorstellung von dieser „Landschaft ohne Maßstäbe", die sich da zwölf Kilometer weit bis zur Tauplitzalm ausbreitet: „Im Sommer ist das Zentralplateau das Modell einer Mondlandschaft: ein Meer von bleichen Kalkriffen, Karrenfeldern und Felsbänken. Zerfurcht von Gräben und mancherorts schier durchlöchert von Dolinen unterschiedlichster Größe, vom Bombentrichter bis zu denen mit einer Gehstunde Umfang. In den tiefsten Lagen Latschendickichte, dann noch hin und wieder einige spärliche Graspolster, darüber nur noch nackter Stein, blendend hell, fast weiß. Und heiß, glühend heiß in der Sonne eines Sommertages. Wasserlos und selbst heutzutage noch völlig weglos in seinem inneren Teil. Jagdsteige führen wohl hinauf an seinen Rand, dann verlieren sich die Spuren in der Weite ..." (Gerhard Troyer im Alpenvereinsjahrbuch 1971)

Auf einigen solchen Steigen und auch mit den Brettln bin ich in diese größte Karstwüste der Alpen vorgedrungen, und jedesmal war das psychische Erlebnis unbeschreiblich. Die Einsamkeit der Berge, ein schnell hingesagtes Klischee – hier ist sie Wirklichkeit. Wenn das Pulsieren des Herzschlages im Ohr das letzte Geräusch ist, das der Körper findet, wenn achtzig Quadratkilometer Leere den eigenen Schrei einfach verschlucken – dann bist du auf dein wahres Maß reduziert, und sei es nur für ein paar Stunden.

Berührungspunkte zwischen dem Stodertal und dem Salzkammergut gab es früher eigentlich nur für Wilderer, Wallfahrer und Schmuggler: Die einen jagten – wenn's kein Jägerlatein ist – sozusagen exterritorial im jeweils anderen Bundesland, um daheim ihre Ruhe zu haben, die anderen kraxelten für ihren Glauben und ein bißchen Abwechslung vom Alltag über das nahe Salzsteigjoch nach Maria Kumitz bei Mitterndorf hinüber. Die dritte Gruppe benützte den Übergang ebenfalls aus Glaubensgründen, und zwar als „Salzpascher" für die störrischen Lutherischen in Stoder, denen die Obrigkeit während der Gegenreformation kurzerhand die legalen Handelswege abgesperrt hatte. Ansonsten bildet die Karsthochfläche, die man hinter der Spitzmauer und dem Stoderkamm gar nicht vermuten würde, bis heute eine strenge Kulturgrenze zwischen hüben und drüben, was sich unter anderem auch im Namenswirrwarr der

Unterwegs in der Weite des Toten Gebirges (Anstieg zum Rotgschirr).
Vorherige Doppelseite: Zentralplateau des Toten Gebirges.

Landkarten widerspiegelt: Den Hochkasten über der Dietlhöll nennen die Ausseer zum Beispiel Hebenkas. Aber auch die Oberösterreicher kennen einen solchen Hebenkas, der im Steirischen wiederum Kraxenberg heißt – und da soll sich noch einer auskennen!
Eine wirkliche Bedeutung bekommen diese Bezeichnungen aber erst oben auf dem Plateau: Wo kilometerweit eine Grube der anderen gleicht, bilden eine Weiße Wand, ein Rotgschirr oder ein Hochbrett eben wichtige Orientierungspunkte. Wer damit nicht umzugehen vermag, kann das zu spüren bekommen, wie jene beiden Kölner Weitwanderer, die an einem schneegesegneten Junitag, vom Prielschutzhaus kommend, am Temelbergsattel die Wegmarkierung verloren. Anstatt umzukehren, folgten sie den Stangen der Skimarkierung, übersahen dabei die Routenteilung am Hetzkogelsattel und gerieten immer weiter nach Süden – mitten ins steinerne Nichts hinein. Drei lange Tage suchten sie den richtigen Rückweg; zwei noch längere Nächte mußten sie ungeschützt im Freien verbringen – zuletzt schon ohne Proviant, ohne Wasser und ohne Hoffnung. Die Gegend zwischen dem Feuertalberg und dem Hochkasten wird vermutlich nur alle heiligen Zeiten einmal durchquert – und schon gar nicht im Juni. An diesem Tag (wir waren mit Langlaufskiern und Firngleitern unterwegs) klaubten wir sie jedenfalls dort oben zusammen. Ein paar Stunden später, nachdem wir sie bei der Pühringerhütte abgeliefert hatten, entlud sich über dem Toten Gebirge eine wahres Jahrhundertgewitter …

Die weiße Hölle hat auch ihre Vorgärten. Neben der Tauplitzalm, der Gegend um die Pühringerhütte oder dem verwunschenen Henarwald drüben am Wildensee birgt vor allem die Warscheneckgruppe, das östlichste Anhängsel des Toten Gebirges, so ein grünes Zwischenreich: Fünf Stunden lang wandert man von der Wurzeralm bis zur Hochmöblinghütte durch den größten geschlossenen Plateauwald der Alpen, vorbei an abenteuerlich verdrehten Lärchenstämmen, filigranen Nadelvorhängen und vornehm dunklen Zirben. Unter wucherndem Heidelbeer-Dickicht und Almrausch zerteilen die Klüfte und Karren den Felsboden genauso hinterhältig wie oberhalb der Waldgrenze – abseits des markierten Steiges habe ich das tarnende Grünzeug schon tausendfach verflucht. Doch vielleicht zieht mich die Ruhe über diesem Wald immer wieder herauf – eine Ruhe, dividiert durch sommerliches Insektengesumm, lispelnde Zweige oder das Anschlagen von Vögeln, eine Ruhe also, die ganz anders klingt als die Totenstille drüben im Zentralplateau.
Die Zirben hier sind erst nach der Eiszeit aus Sibirien „eingewandert“. Am Warscheneck klettern sie trotz Sturm und Schnee bis auf zweitausend Meter Seehöhe hinauf; achthundert Meter weiter unten, am Burgstall bei Weißenbach, gedeihen sie auf ihrem vielleicht tiefsten Standort in den Alpen. Irgendwie empfinde ich diesen herrlichen Bäumen gegenüber eine besondere Zuneigung; vielleicht entspringt das dem Respekt vor ihrer genügsamen Zähigkeit, dem Gefühl beim Drüberstreichen über ihr Holz oder ihrem feinen Harzgeruch. Auf jeden Fall sind sie für mich die schönsten und alpinsten aller Bäume. Und die Tatsache, daß manche von ihnen schon biblische tausend Jahre lang hier leben, berührt mich genauso wie das Gerücht, daß ihr Besitzer, eine CA-Tochterfirma, schon eine Forststraße herauf plant, um ihnen den Garaus zu machen …
Des einen Paradies, des anderen Hölle. Was wir heute als halbwegs naturbelassenen Rest einstiger Paradiese empfinden, war für unsere Vorfahren oft die Stätte entbehrungsreichen Arbeitsalltags – im günstigsten Fall, so wie hier, knapp unterhalb der Wurzeralm, eine verwachsene G'stätten, eben eine Höll'. Riesige Felsblöcke hat der Stubwieswipfel nach dem

Felszeichnung in der „Höll" auf der Wurzer Alm.

Abschmelzen der Eiszeitgletscher in den ausgehobelten Graben donnern lassen, bevor sich die Vegetation ihrer bemächtigt und ein wildes, grünes Durcheinander gezaubert hat. Weiter unten entspringt aus solchen Felsblöcken eine Karstquelle, deren Wasser durchweichtes Moos auf die Steine lockt. Bis in die fünfziger Jahre muß die Urwildnis hier unbeschreiblich gewesen sein. Dann nahm der Grundbesitzer einen Windwurf zum Anlaß für den illegalen Kahlschlag des oberen Teils. Damals entdeckte der Wildmeister Franz Gressenbauer seltsame Gravuren in einigen Steinblöcken: Strichmännchen und Tiere, Mühlespiele, Kreuze, Drudensterne und Kreise aller Art, näpfchenartige Vertiefungen, Lebensbäume oder Fadenkreuze – Symbole, die wahrscheinlich so alt sind wie der Mensch und wie sie mittlerweile zu Hunderten zwischen dem oberitalienischen Val Camonica und dem niederösterreichischen Göstling gefunden worden sind. Der Pionier der österreichischen Felsbilderforschung, Prof. Ernst Burgstaller, sah in ihnen drei-, viertausend Jahre alte Relikte, während neuere Forschungen, vor allem aus dem benachbarten Dachsteingebiet, zumindest für den Großteil der Funde eher

Moorgebiet bei Spital am Pyhrn mit Blick auf das Sengsengebirge.

auf das Mittelalter hindeuten. Auf jeden Fall wurden die geheimnisvollen Felsbilder mit Sicherheit durch viele Jahrhunderte hindurch gestaltet – heute sind sie eher von mutwilligen Zerstörungen bedroht. Ob nun kultische Gründe hinter den steinernen Zeichentafeln stecken oder nur das menschliche Verlangen, zu dokumentieren „ich war hier" – den seltsamen, ja fast unheimlichen Reiz des Unaufdeckbaren habe ich an solchen Fundorten noch jedesmal verspürt …

So ungern ich zu Hause aus den Federn krieche – in Schutzhütten oder beim Biwakieren wache ich, ohne daß ich mir's vornehmen müßte, regelmäßig noch vor dem Morgengrauen auf. Ist das Wetter klar und ein geeigneter Punkt in greifbarer Nähe, könnte man mir viel fürs Weiterschlafen zahlen: Nach Sonnenaufgängen bin ich fast süchtig. Diesmal warte ich auf dem Großen Pyhrgas auf den neuen Tag. Gegen sieben Uhr ist es soweit. Das rote, warme Licht blinzelt zwischen zwei Wolkendecken hervor und zaubert, langsam heller werdend, meinem Schatten auf den gaukelnden Nebelfetzen einen Heiligenschein hinzu. Brockengespenst nannten die

Naturschutzgebiet Sengsengebirge mit Blick auf das Tote Gebirge.

Leute im mitteldeutschen Harz diese seltene Lichtbrechung (auch Goethe hat sie dort gesehen), und sie fürchteten sich wahrscheinlich davor.

Zum Fürchten war's manchmal auch drüben im Reichraminger Hintergebirge. Jenseits des Hengstpasses ist es ja immerhin gelungen, Kanonenschießübungen zu verhindern und Chefs der Kraftwerke vom Zustauen des Großen Baches abzubringen. Das riesige Waldgebirge, in dem zweihundert Quadratkilometer weit keine menschliche Ansiedlung zu finden ist, hat inzwischen zehn Jahre meines Lebens bestimmt. In diesen zehn Jahren habe ich durch die fast schon vergessene Geschichte von Holzknechten, Bergknappen, Eisenarbeitern, Flößern, Bauern und Händlern meine Wurzeln gefunden – als altmodischer Mensch würde ich sagen: meine Heimat. Vielleicht hätten wir „Hintergebirgler" unsere Energie und unser Geld auch in die private Karriere investieren können. Doch das Gefühl beim Anblick des immer noch rinnenden Baches, dieses Reservoirs von hundertachtzig Kilometern Trinkwasser – das ist mit keinem Geld der Welt zu kaufen.

Die ersten Überlegungen für einen Nationalpark im Sengsen- und Hintergebirge wurden Anfang der achtziger Jahre gewälzt – in einem Heustadel, weil sich die „Hintergebirgler“ in der damals explosiven Pro-Kraftwerksstimmung nicht in einem Gasthaus zu treffen wagten. Seit dem 28. August 1989, an dem der Landeshauptmann das endgültige und offizielle „Aus“ für die Speichersee-Pläne verkündet hat, scheint die Utopie der grünen Spinner Wirklichkeit zu werden: Im Sengsen- und Hintergebirge, in den Haller Mauern und im Toten Gebirge soll nun der österreichische Kalkalpen-Nationalpark entstehen. Entsprechend den internationalen Kriterien für Nationalparks gibt es für das 1300 Quadratkilometer große Gebiet dann nur mehr drei Aufgaben: Naturschutz, Forschung und Bildung. Ein großes Ziel – und noch ein steiniger, weiter Weg dorthin, trotz aller Euphorie …

Beim Einsteigen in eines der grauen, langen, schmalen Boote und einem aufmunternden „Nanu, Kanu?!“ kribbelt's noch in der Magengegend. Doch das Dahinschaukeln auf den ersten paar hundert Metern Teichlwasser verwandelt die Beklemmung bald in Begeisterung: Hier schüttelt ein Ast sein buntes Herbstlaub ins Wasser, dort flattert ein schillernder Eisvogel auf – und es dauert nicht lange, und man stürzt sich mit Vergnügen in die gischtspritzenden Stromschnellen hinein!

Doch die frisch-fröhliche Reise über heimatliche Wasser wird in zunehmendem Maß überschattet. Während immer mehr Menschen hier ein letztes Naturparadies suchen, schippern die Kanuten oft genug dem Ufer entlang, um dort ganze Bootsladungen von gestrandetem Hausmüll zusammenzuklauben. Tatsächlich werden etliche Abschnitte der Teichl und der Steyr als willkommene Deponien mißbraucht – alles, was oben überflüssig geworden ist, verfängt sich kilometerweit im Ufergehölz: Plastikfetzen, Einkaufssäcke, Eisenzeug in allen Formen, Bauschutt, Gartenabfälle – und jedes Hochwasser schwemmt neue Fuhren an. Und selbst die Idylle der pittoresk durchlöcherten Konglomerat-Uferwände, der Dschungelvegetation über den Buchten und der schwirrenden Tierwelt dahinter trügt: Eine Wand nach der anderen wird niedergerissen – mit oder ohne behördliche Genehmigung, und selbstverständlich immer versehentlich. Wer zwischen der Klauser Staumauer und der Frauensteiner Brücke auf der Steyr dahinpaddelt, muß diesen Wahnsinn mit ohnmächtiger Wut mitansehen. Doch es ist nur ein leiser Vorgeschmack dessen, was in das enge Tal kommen soll: Baustellen, Betonbrücken, Hangwände, Tunnels, Zubringertrassen, noch mehr Transitverkehr, Lärm und Gestank – eine Zukunftsperspektive, die in Tirol keine mehr ist und in der Schweiz nie ernsthaft erwogen wurde. Damit die Dimensionen klar sind: Das erste Jahresbudget (1990) für den Aufbau des Nationalparks entspricht den Herstellungskosten von rund 200 Metern Autobahn, und mit dem derzeitigen Naturschutz-Jahresetat des Landes könnte man gerade 50 Meter durchziehen. Ist ein „Asphalt-Zwentendorf“, eine 30 Kilometer lange Nicht-Autobahn mit durchdachten Ortsumfahrungen im Verbund mit einer leistungsfähig ausgebauten Pyhrnbahn wirklich so völlig absurd?

Der Kreis hat sich geschlossen – aus dem Tal über die Gebirge wieder zum Wasser zurück. Hätte ich mehr von den fröhlichen Erlebnissen erzählen sollen, mehr von den Hoffnungen? Immerhin zählt das Steyrtal noch zu den erlebenswertesten Landschaften und gibt uns im Freiraum seiner Vielfalt viel von dem, was wir Abstand vom Alltag nennen.

Es bleibt ohnehin nur eines zu tun: Wieder und wieder eines der berühmten Bäumchen zu setzen – auch auf die Gefahr hin, daß von diesen Zeilen, die Sie gerade gelesen haben, schon wieder ein paar mehr zum Nachruf geworden sind.

Aus dieser bezaubernden Wintersportregion Pyhrn-Eisenwurzen kamen immer wieder hervorragende alpine Skifahrer, so z.B. der Mollner Franz Gruber, Olympiavierter im Riesentorlauf, der in den achtziger Jahren ein internationales Aushängeschild des österreichischen Skisports war.

Rechts: Blick vom Kleinen Priel auf das Skigebiet der Hutterer Höß.

BILDNACHWEIS

H. Hamminger, Kirchdorf: 10 oben u. unten, 26 unten li., 34/35, 53, 61, 120, 123, 162 oben li., Mitte re., 163 Mitte li., 174 unten re. u. li., Rückseite des Umschlags: re. oben (Paddler)
H. Heidlmeyr, Klaus: 13, 17, 45, 51, 141
W. Heitzmann, Steyr: 21, 24/25, 26 oben li. u. re., 29, 36, 38/39, 40, 41, 43, 46, 47, 49, 50, 62 re. oben u. unten, 66/67, 81, 87, 88, 89, 90, 96, 99, 102, 103, 105, 110, 111, 112, 119, 124/125, 127, 136 li. oben, 140, 162 Mitte li., 165, 166/167, 168, 170, 171, 174 oben re. u. li., Rückseite des Umschlags: rechts unten (Fischer)
F. Maier, Molln: Umschlagbild, 26 unten re., 28, 52 li. u. re., 59, 63, 68, 75, 82 oben u. unten, 83 unten, 126
W. Girkinger, Molln: 6, 30, 31, 62 li., 172
F. Limberger (Tourismusverband Pyhrn-Eisenwurzen), Kirchdorf: 72 li. u. re., 122, 129, 130/131, 133, 136 li. unten, 136 re., 158, 162 unten li. u. re., 163 oben u. Mitte re.
A. Raberger, Molln: 42, 56, 104, 121 re., 155 oben u. unten, 163 oben li.
H. Sperer (bzw. Fotoclub Neuzeug), Neuzeug: 8/9, 93, 94, 95, 97, 100, 145, 153, 154, 156, 157 li. u. re., 159, 163 unten re.
W. Fuchs, Molln: 27, 32, 55 li. u. re., 57, 77, 115, 118
Foto M. Mayr, Grünburg: 60, 64, 79, 91, 109, 113, Rückseite des Umschlags: oben li. (Steinbach)
Diözesanbildstelle, Maier, Linz: 136 li. u. re., 135
P. Prack, Kronstorf: 92, 164
H. Pilz, Linz: 175
H. Steiner, Neuzeug: 23, 101
E. Resch, Grünburg: 162 oben re.
H. Jungwirth, Molln: 54
Foto Linnert, Kirchdorf: 76 (Aquarell von J. Wildzeisz)
R. Ganske: 83 oben
MMS, Linz: 116 oben u. unten
P. Altmann Hofinger, Kirchdorf: 121 li.
Zemsauer, Rosenau: 160 unten
P. Dutzler, Grünburg: Rückseite des Umschlags: li. unten (Steyrtalbahn)
Übersichtskarte Steyrtal: 18, Bundesamt für Eich- und Vermessungswesen, Wien, ÖKO 200/NR. 48/14 Linz

Historische Aufnahmen:
S. 85: Am Wehrgraben, H. Seidl; S. 86: Sensenarbeiter Hackwerke, um 1930; S. 91: Flößer, Foto Mayr, Grünburg; S. 106 u. S. 107: Sensenarbeiter, Krottendorfer, Windischgarsten; S. 137: Bosruckdurchstich, Krottendorfer, Windischgarsten; S. 138: Correspondenz-Karte, Simon Derler, Ardning; S. 139: Sensenwerk Agonitz nach dem Hochwasser 1899, Foto: Hattinger, Grünburg; S. 142: Holzrechen Fa. Reder, St. Nikola 1, Foto: Alois Sosser, Linz; S. 160 oben; Holzarbeiter, Foto: Hochreiter, Besitz: Polterauer, Kirchdorf; S. 161: Ganglmaschine 1933, Foto Mayr, Grünburg

LITERATURNACHWEIS
Vollständige wissenschaftliche Zitation liegt vor.

Dunzendorfer, W., Kellermayr, W., Kohl, H., Matscheko, F. und P. Starke, 1982; Naturkundliche Wanderziele in Oberösterreich, Landesverlag Linz (vergriffen).
Heitzmann, W. und O. Harant, 1987: Reichraminger Hintergebirge. Vergessene Bergheimat zwischen Ennstal und Sengsengebirge, 3. Aufl. Verl. W. Ennsthaler, Steyr.
Loidl, E. (Red.), o. J.: Oberösterreich, Wanderbare Naturschutzgebiete. Amt d. OÖ. Landesregierung, Agrar- u. Forstrechts-Abt. Linz.
Maier F., 1987: In: Thema Pyhrn. Autobahnprojekt und Widerstand (Hrsg.: Auer, M. und I. Egger). pp. 8-14. Falter Verl., Wien.
Reisinger, F. (Red.), 1989: Naturschutz in Oberösterreich. Unsere Naturdenkmale. Amt d. OÖ. Landesregierung, Agrar- u. Forstrechts-Abt., Linz.

Brandl Manfred, Neue Geschichte von Steyr. Vom Biedermeier bis heute, Steyr 1980.
Danner Max, Sierning, Geschichte einer aufstrebenden Gemeinde, Steyr 1985.
Kirchner Franz, Das Mollner Heimatbuch, Molln 1987.
Krawarik Hans, 850 Jahre Windischgarsten, Windischgarsten 1970.
Lehr Rudolf/Rudolf Lintner, Ein vorletztes Paradies. Zwischen Pyhrn und Krems, Alm und Enns, Landesverlag Linz 1987.
Mayer Karl (Hg.), 1000 Jahre Garsten, Steyr 1984.
Preuenhueber Valentin, Annales Styrenses, Nürnberg 1740, Nachdruck Steyr 1983.
Pritz Franz Xaver, Beschreibung und Geschichte der Stadt Steyr, Nachdruck Steyr 1965.
Rolleder Anton, Heimatkunde von Steyr, Steyr 1894, Nachdruck 1975.
Schachner Heinz, Das Stodertal aus vergangenen Tagen, Hinterstoder 1988.
Seper Hans, 100 Jahre Steyr-Daimler-Puch AG, Wien 1964.
Stögmüller Hans, Wehrgraben – Führer durch Geschichte und Arbeitswelt, Steyr 1987.
Grüll Georg, Burgen und Schlösser im Salzkammergut und Alpenvorland, Wien 1963.
Harrer Franz, Sagen und Legenden von Steyr und Umgebung, Steyr 1965.
Mohr Angela, Die Schutzmantel-Madonna von Frauenstein, Steyr 1983.
Perndl Josef, Christkindl/Steyr (Führer), München/Zürich 1982.
Prell Gerhart, Totes Gebirge, Ennsthaler, Steyr 1989.

Wasser – Mühlen – Hämmer, Bildzeugnisse österr. Kultur, hrsg. von Christian Brandstätter und Hans Schaumberger, Christian Brandstätter Verlag & Edition Gesellschaft mbH., Wien.
Zwischen Bedrohung und Bewahrung. Das Kamptal – eine Ökologische Parabel, Texte von Werner Gamerith, Dieter Bogner und Friedrich B. Polleroß. Vorwort von Bernd Lötsch, Verlag Christian Brandstätter, Wien.
Traute Franke, Wasser. Das kostbare Element, Verlag Kremayr & Scheriau, Wien.

Christian Brandstätter, Oberösterreich, Edition Molden (Texte von Satori, Preradovic, Julius von der Traun).
Roland Girtler, Aschenlauge, Landesverlag Linz[3] 1989.
Marlen Haushofer, Himmel, der nirgendwo endet, Claassen, Düsseldorf.
Marlen Haushofer, Die Wand, Roman, Ullstein, Berlin.
Jungmair, Otto, Wunden und Wunder, Gedichte, Landesverlag 1963 (vergriffen).
Josef Moser, „Aus da Hoamat", Band XXIII b, Stelzhamerbund Linz.
Mundl Schöngruber, Rauhreif, Erzählungen aus dem Bergland, Verlag Kleine Stieglitze, Liezen.
Carl Hans Watzinger, Ihre Heimat ist Steyr, 31 Biographien, Ennsthaler, Steyr.